dtv

Die Balladen und Lieder des François Villon sind ein unvergängliches Zeugnis der Weltliteratur. Nie zuvor (aber auch später nicht mehr) sind in der französischen Dichtung Liebe und Hass, Tod und Vergänglichkeit, Hunger und Armut, Laster und Ausschweifung so unmittelbar und frech, so derb, humorvoll und zugleich so erschütternd Sprache geworden. Villon war der erste, der die Volks- und Gaunersprache in die Literatur einbezog. Musste ein solches Genie nicht gerade auf den deutschen Expressionismus, der sich besonders des leidenden, heruntergekommenen Menschen annahm, Einfluss haben? In dieser Zeit sind denn auch die deutsche Übertragungen Villons entstanden. Paul Zech, dem bekannten expressionistischen Dichter, haben wir die Nachdichtung seiner Balladen und Lieder zu verdanken, die uns bis heute Geist und Stil dieser Verse unverwelkt und aggressiv bewahrt. Er hat auch unermüdlich Material über das halbvergessene Leben Villons gesammelt und eine anschauliche Biografie geschrieben, die den Dichter in seiner Zeit und seiner Umgebung sieht. – Die vorliegende Ausgabe wurde nach Zechs letzter, bisher unveröffentlichter Bearbeitung und Erweiterung aus dem Jahr 1946 gedruckt und ist um ein die Nachdichtung übersetzungshistorisch einordnendes Vorwort sowie Anmerkungen von Alexander Nitzberg ergänzt.

François Villon wurde 1431 in Paris geboren. 1452 erwarb er den Magistergrad an der Pariser Universität. Sein Vaganten- und Gaunerleben brachte ihn mehrfach ins Gefängnis, 1463 entging er nur durch Begnadigung dem Galgen. Er wurde aus Paris ausgewiesen, trieb sich in den Provinzen umher und dichtete für Fürsten und Grafen, aber auch für Räuber und Huren seine unvergänglichen Lieder und Balladen. Villons Spur verliert sich in den letzten Lebensjahren. Wahrscheinlich ist er 1463 gestorben.

Paul Zech, am 19. Februar 1881 in Briesen geboren, war nach einem Universitätsstudium als Berg- und Metallarbeiter, später als Dramaturg, Lektor und Bibliothekar tätig. Er schrieb Gedichte, Romane, Theaterstücke und übersetzte außer Villon auch Rimbaud, Verhaeren und indianische Lyrik. 1934 emigrierte er nach Südamerika und starb am 7. September 1946 in Buenos Aires.

Alexander Nitzberg wurde 1969 in Moskau geboren und lebt heute als Lyriker und Übersetzer in Wien. 2019 wurde er mit dem Österreichischen Staatspreis für literarische Übersetzung ausgezeichnet.

Die lasterhaften Balladen und Lieder des François Villon

Nachdichtung von Paul Zech

Herausgegeben und mit einem Vorwort
versehen von Alexander Nitzberg
Mit einer Biografie über Villon

dtv

Von François Villon ist bei dtv außerdem lieferbar:
Sämtliche Werke (12944)

Ausführliche Informationen über
unsere Autorinnen und Autoren und ihre Bücher
finden Sie unter www.dtv.de

FSC
www.fsc.org
MIX
Papier aus verantwortungsvollen Quellen
FSC® C019821

2021 dtv Verlagsgesellschaft mbH & Co. KG, München

1962 dtv Verlagsgesellschaft mbH & Co. KG, München
Umschlaggestaltung: www.buerosued.de unter Verwendung
eines Gemäldes von D. v. Baburen, »Konzert«/akg-images
Satz: C.H.Beck.Media.Solutions, Nördlingen
Druck und Bindung: Druckerei C.H.Beck, Nördlingen
Printed in Germany · ISBN 978-3-423-14762-0

Was ist eine gelungene Gedichtübersetzung? – Eine schlichte Lesehilfe? Ein Gebilde, bei dem auch die jeweilige poetische Form mitberücksichtigt wird? Eine kongeniale Nachdichtung? – All diesen Antworten ist eines gemein: Sie zeigen den Übersetzer in einem Abhängigkeitsverhältnis, als jemanden, dem das ursprüngliche Werk immer einen Schritt voraus ist – wie die Schildkröte dem Achill …

Dabei ließe sich die Qualität einer Übersetzung auch an der Rolle ablesen, die sie in der Zielsprache spielt. Man denke an die *Rubaijat* des Omar Khayam von Edward FitzGerald – keine Übersetzung im engeren Sinne, eher eine Art Quintessenz, dafür aber eines der meistzitierten Werke der englischen Literatur. Und noch sehr viel freier geht mit der Farsi-Lyrik Goethe im *West-östlichen Divan* um, indem er Hafis nicht nur anklingen lässt, sondern auch immer wieder in dessen Rolle schlüpft. Manch einem mag hier die Beziehung zwischen Original und Nachdichtung problematisch erscheinen. Doch es gibt ja noch wesentlich heiklere Fälle! Übersetzungen, die gewissermaßen auch ganz ohne Original auskommen, wie etwa die *Gesänge des Ossian* – von den großen Dichtern des Sturm und Drang eifrig studiert und nachgeahmt, sind sie nichts anderes als Fabrikation des »Übersetzers« James Macpherson. Es wäre zu simpel und ungerecht, sie als Falsifikationen abzutun. Weil Literatur ihren eigenen Gesetzen folgt.

François Villon ist mit seinem Leben und Werk ein Paradebeispiel dafür, wie seltsam die Wege eines literarischen Schicksals mitunter sein können. Denn blinde Flecken im Biografischen erschaffen oft Freiräume für die Fantasie. Und das Bild des Dichters, das aus derlei Fiktionen entsteht, vermag das historische zu überlagern. Paul Zechs Villon-Übertragungen sind der Höhepunkt eines solchen Transformationsprozesses.

Das Hauptproblem ist wohl die Frage, wie es überhaupt passieren konnte, dass ein intellektueller, ja, gelehrter Autor, der in festen Formen und Traditionen arbeitet und darin sehr komplexe und subtile Gedichte verfasst, zum Inbegriff des Ganovenpoeten mutiert ist, zu einem betrunkenen Sänger »lasterhafter Lieder«? Natürlich sind viele Facetten dieses Charakterbilds in Villons Werk und Biografie angelegt – das Gefängnis, die drohende Hinrichtung, die Freundschaft mit Huren, Trinkern und Banditen. Und doch zählen all diese Dinge seit Jahrhunderten zum Arsenal literarischer Verkleidungen und sollten daher nur augenzwinkernd für bare Münze genommen werden. Gedichte, zumal die spätmittelalterlichen, sind kaum der Ort, wo man nach authentischen Lebensberichten Ausschau halten sollte – zu vieles darin ist raffiniertes Spiel mit poetischen Genres und Topoi.

Ein Beispiel für diverse Verschiebungen in der Wahrnehmung des Dichters bezüglich seiner Originalität: François Villon ist uns heute als der Verfasser des *Kleinen* (*Le Lais*, 1456) und des *Großen Testaments* (*Le Testament*, 1461–62) bekannt. Die Form des poetischen Testaments ist in unserer Vorstellung fest mit ihm verbunden. Dabei existiert sie in der volkssprachlichen französischen Literatur schon seit dem zwölften Jahrhundert in unterschiedlicher Diktion, Ausprägung und Länge. Darunter sind echte Meisterwerke, die sich mitnichten auf ein bloßes Vorläufertum Villons reduzieren lassen. Am Beginn steht der zisterziensische Troubadour Hélinand de Froidmont (1160?–

1230?) mit seinem sechshundert Zeilen starken Werk *Vers de la Mort*. Ihm folgen im dreizehnten Jahrhundert Jean Bodel und Baude Fastoul, die ihre Abschiedslieder *(Condé)* vor der Einlieferung in ein Leprosorium schreiben. Diese Werke sind eng mit der jeweiligen Biografie verknüpft und von ganz und gar tragischem Charakter.

Die Tradition wird in der zweiten Hälfte des dreizehnten Jahrhunderts von Adam de la Halle fortgesetzt und um neue Facetten ergänzt. Denn in seinen Abschiedsgedichten sucht er weniger Versöhnung mit Gott als vielmehr Streit mit den Zeitgenossen. Klagen über den Sittenverfall durchziehen das zweitausend Zeilen lange *Testament* Jean de Meungs, der auch den zweiten Teil des berühmten *Rosenromans* verfasst hat. Aber für die eigentliche Wende sorgt der möglicherweise bedeutendste Dichter des vierzehnten Jahrhunderts, Eustache Deschamps, der in seinem *Testament* parodistische Töne anschlägt, was auch von den nachfolgenden Poeten fortgesetzt wird. Diese Entwicklung kulminiert in der groß angelegten Trilogie *La confession et testament* des Dichterfürsten Pierre de Hauteville aus dem fünfzehnten Jahrhundert, der in seiner Beschreibung der zu vermachenden Gegenstände ein Netz aus feinsinnigen Allegorien spinnt. Neben diesen markantesten Pfeilern des Genres existieren unzählige andere, die zusammen organisch den Hintergrund bilden, vor dem das Werk Villons entstehen und sich entfalten kann.

Villon übernimmt von der Tradition die Methoden, um sein eigenes Leben in literarische Formen zu gießen, wie auch alle dazu notwendigen Redefiguren – die des persönlichen Schmerzes wie auch die der bissigen Satire. Und es ist die souveräne Beherrschung all dieser Elemente, die seinen Versen eine solche

Glaubwürdigkeit verleiht, sie für uns aus dem allgemeinen Strom heraushebt. Denn spätestens seit der europäischen Romantik verliert sich zunehmend das Interesse an rhetorischen Gesten und formalen Fingerübungen. Erwartet wird vielmehr die Brechung menschlicher Schicksale im Spiegel der Epoche und der Kunst.

Doch wenn beispielsweise ein Romanist der 1940er-Jahre schreibt: »Lediglich in der Form seiner Dichtungen blieb Villon Vorgängern und Zeitgenossen verpflichtet ... während es sich bei diesen um modisch bedingte Gelegenheitsprodukte handelt, nimmt Villon den Stoff aus allpersönlichstem Erleben«, so wäre das gewiss eine sehr einseitige Beurteilung. Denn auch für das »allpersönlichste Erleben« bietet die französische Testament-Literatur genügend prominente Beispiele. Außerdem liegt hier ein Zirkelschluss vor: Denn woran will man das »allpersönlichste Erleben« Villons überhaupt messen, wenn nicht an der *Wirkung* eines durch und durch *literarischen* Werks, bei welchem man sich entschieden hat, es, ungeachtet aller poetischen Konventionen, als ein *authentisches* biografisches aufzufassen?

Ein Wort zu den verwendeten poetischen Formen: Die spätmittelalterlichen Testamente sind fein gedrechselte Sprachartefakte, die auf hochkomplexe Strophik zurückgreifen. So ist es kein Wunder, dass auch Villon sich durchwegs virtuoser Formen bedient. Beide Testamente sind in einer achtzeiligen Strophe geschrieben, die nach jeweils vier gleichen Reimwörtern verlangt: ABAB/BCBC. In den Balladen, die das *Große Testament* durchziehen, wird dieses Verfahren noch ausgeweitet: Eine Ballade besteht aus drei Strophen und einem *Geleit* (*envoi*) an den Adressaten. Dabei müssen die in der ersten Strophe verwendeten Reime in den beiden nachfolgenden und sogar im Geleit fortgesetzt werden, was die Anzahl der erforderlichen Endreime sofort verdreifacht! Sowohl die Strophen als auch die Sendung enden mit einem markanten Refrain, der den Charakter der jeweiligen Ballade auf den Punkt bringt, wie etwa der sprichwörtliche Ausruf: »*Mais où sont les neiges d'antan!*« (»Doch wo ist der Schnee vom vorigen Jahr?«) Im Übrigen meint die Gattungsbezeichnung hier nicht ein *erzählendes* Gedicht, sondern nur die oben genannte Form. Es ist auch kein Lied, denn die literarische Tradition jener Tage hat sich schon seit geraumer Zeit vom Gesang gelöst. Dass Villon seine Verse singend vorgetragen hat, wie es sich viele heute vorstellen, ist also eher unwahrscheinlich.

Die Komplexität der erwähnten poetischen Mittel, die der Vorstellung vom »volkstümlichen Charakter« dieser Werke schon ein Stück weit zuwiderläuft, macht die Übersetzung Villons zu einem höchst ambitionierten Unterfangen. Und so wird Villon mit Vorliebe von verfeinerten Meistern der Verskunst übersetzt. In England von dem Präraffaeliten Dante Gabriele Rossetti oder dem Sprachvirtuosen Algernon Charles Swinburne. Von John Payne stammt die erste englische Gesamtübersetzung der Villon'schen Werke (1874). In Russland erscheint die erste größere Villon-Auswahl 1916 in der Übersetzung von Ilja Ehrenburg, der als Lyriker an den französischen Parnassiens und Symbolisten geschult ist. Und diese sind es ja, die sich Villon auf die Fahnen schreiben: Théophile Gautier, Charles Baudelaire, Paul Verlaine, Arthur Rimbaud, Tristan Corbière oder Joris-Karl Huysmans.

Was all diese verwöhnten Geister reizt, ist einerseits die sprachliche Verarbeitung, denn sie selbst sind ja auf der Suche nach ungewöhnlichen Ausdrucksmitteln, grellen Bildern und erlesenen poetischen Formen. Andererseits fühlen sie sich von der Vorstellung des gesellschaftlich ausgestoßenen, möglicherweise sogar verbrecherischen Paria mehr als angezogen, denn sie entspricht ihrem eigenen künstlerischen Ideal: der Maske des Bürgerschrecks. Von solch einem »verfemten Dichter« schreibt Rimbaud in seinen *Seherbriefen*, dass er »unaussprechliche Qual« erleidet, »in der er zum großen Kranken, zum großen Verbrecher, zum großen Verdammten wird – und zum höchsten Wissenden!«

Von dem Punkt aus ergreift dieser Gedanke die gesamte europäische Avantgarde. So schreibt Filippo Tomaso Marinetti 1909 in seinem *Futuristischen Manifest*: »Wir wollen preisen die angriffslustige Bewegung … die Ohrfeige und den Faustschlag … Ein Werk ohne aggressiven Charakter kann kein Meisterwerk sein«. Wladimir Majakowski rügt die Schriftsteller für ihre Feigheit und erinnert sie daran, dass ihr Kollege François Villon auf Raubzüge ging. Nikolaj Gumiljow, der Gründer des Akmeismus, zählt Villon zu den Vorbildern des neuen Stils. Und sein Schüler und Mitstreiter Ossip Mandelstam widmet Villon einen Essay, wo er um die Lösung des alten Problems, des Widerspruchs zwischen Genie und Missetat ringt.

Im deutschsprachigen Raum bemächtigt sich dieser neue Impuls vor allem der expressionistischen Dichter. So schreibt Gottfried Benn das Gedicht *Räuber-Schiller*, das mit den Zeilen beginnt:

Ich bringe Pest. Ich bin Gestank.
Vom Rand der Erde komm ich her …

Oder Verse, wie diese:

... Das Dichterpack, der abgefeimte Pöbel,
das Schleimgeschmeiß, der Menschheitslititi,
ein Stuhlbein her, ein alter Abtrittsmöbel,
ein Schlag – der Rest ist Knochenchirurgie ...

Klabund veröffentlicht 1916 im Versband *Die Himmelsleiter* einen kleinen Zyklus von drei Gedichten auf Villon mit beispielsweise folgenden Zeilen:

Ich bin gefüllt mit giftigen Getränken,
Ich speie Eiter, wenn ich wen besah;
Ich fluche jedem heiligen Hallelujah ...

Er ist auch der Autor des Gedichtbands *Der himmlische Vagant* (1919), der komplett François Villon gewidmet ist.

Die erste größere Auswahl von Villon-Gedichten erscheint auf Deutsch bereits 1907. Der Übersetzer ist der Österreicher K. L. Ammer (Pseudonym von Karl Anton Klammer). Sein einziger Vorläufer ist Richard Dehmel, der 1892 zwei Balladen – *Lied der Gehenkten* und *Lied des vogelfreien Dichters* – überträgt. Dehmel arbeitet sehr präzise und hält sich an die Form des Originals (ohne freilich dessen exzessive Verwendung derselben Reime zu berücksichtigen). Doch indem er die Gedichte als »Lieder« bezeichnet, legt er bereits die spätere Lesart Villons im deutschen Sprachraum fest. K. L. Ammer übersetzt nun einen Teil der beiden *Testamente* und einzelne Balladen. Seine Verse sind freier und mehr am Bänkelsang als an der komplexen französischen Kunstdichtung orientiert. Der liedhafte Effekt kommt nicht zuletzt durch das gelegentlich schwankende Metrum und die Villon eigentlich gänzlich fremden Paarreimhäufungen zustande. Doch in diesem Gewand erlangt Villon eine enorme Popularität. Als fahrender Moritatensänger geistert er durch den Roman *Der Judas des Leonardo* von Leo Perutz, der 1959 posthum erschien. Bertolt Brecht übernimmt 1928 ganze Passagen der Ammer'schen Übersetzung für die Songs seiner *Dreigroschenoper*. Der vorläufige Höhepunkt dieses neuen – sich vom englischen und russischen radikal unterscheidenden – Villon-Bilds ist schließlich die 1931 erschienene und 1943 revidierte Ausgabe *Die lasterhaften Balladen und Lieder des François Villon* in der Nachdichtung von Paul Zech.

***

Paul Zech ist ein 1881 in Briesen (Westpreußen) geborener Dichter, der hauptsächlich als Expressionist bekannt ist. Seine literarische Laufbahn beginnt zunächst mit Gedichten, in denen er belgische Kohlewerke und Schiffswerften thematisiert und somit als eine Art »Arbeiterdichter« gesehen wird. Nach einigen Jahren in Elberfeld (dem heutigen Wuppertal) zieht er, ermutigt von Else Lasker-Schüler, 1912 nach Berlin und findet sich dort inmitten der literarischen Bohème wieder. Durch seinen nie erlahmenden Fleiß und eine geradezu außerordentliche Produktivität macht er schon bald von sich reden und publiziert zahllose Gedichte, Erzählungen und Dramen und erhält 1918 den Kleist-Preis. Seine Kanonisierung erlebt er spätestens mit der Aufnahme unter die vierundzwanzig Autoren der wohl bedeutendsten Expressionistenanthologie *Menschheitsdämmerung* von Kurt Pinthus, wo er mit prominenten Vertretern des Stils wie Georg Trakl, Gottfried Benn, Jakob van Hoddis, Franz Werfel, August Stramm und Alfred Lichtenstein in einer Reihe stehen darf.

Viele seiner Gedichte zeichnen das Leben eines Ausgestoßenen:

> *... Und als wir erwachten, irgendwo im Bordell,*
> *umklirrte das stumpfe Zorngebell*
> *der zackige Stahl von Zuhältermessern.*
> *(Erstes Erlebnis)*

Nun kommt aber beim Phänomen Paul Zech noch etwas hinzu, das erst seit einigen Jahren bekannt ist: Sein gesamtes Leben scheint eine einzige Mystifikation, wenn nicht gar eine glatte Fälschung zu sein. Fast alle Jahreszahlen, Personen und Orte, die er selbst im Zusammenhang mit seiner Biografie nennt, entpuppen sich beim näheren Betrachten als frei erfunden. Dieses Versteckspiel mit teils unlauteren Mitteln ist auch für seine literarische Tätigkeit charakteristisch. So rezensiert er 1913 seinen eigenen Gedichtband *Das schwarze Revier* unter dem fingierten Namen »Paul Robert« in Franz Pfemferts *Aktion*. Er publiziert Übersetzungen aus dem Werk des französischen Dichters Léon Deubel, bei denen es sich in Wirklichkeit um Zechs eigene Verse handelt. Er will Deubel wie auch den belgischen Symbolisten Émile Verhaeren in Paris getroffen haben, doch auch dies entspricht nicht der Wahrheit. Er publiziert 1916 einen von »Verhaeren« an ihn gerichteten Brief, den er tatsächlich aber selbst geschrieben hat. Er übersetzt Arthur Rimbaud, François Villon und Louise Labé, benutzt jedoch als Grundlage für seine Nachdichtungen nicht, wie er vorgibt, die französischen Originale, sondern greift auf bereits existierende Übersetzungen zurück – von Richard Dehmel, K. L. Ammer und Rainer Maria Rilke. 1925 und 1927 wird er mit schweren Plagiatsvorwürfen konfrontiert, denn er gibt unter seinem Namen, nur leicht und mit mäßigem Geschick abgewandelt, Werke von Alfred Putzel und seinem Freund Robert Renato Schmidt heraus. Diese an sich vollkommen nutzlosen Vergehen schaden dem gerade erst auf dem Höhepunkt seines Ruhms angelangten Dichter ungemein. Er wird in Folge aus dem Schutzverband deutscher Schriftsteller ausgeschlossen.

Doch als wäre das alles nicht schon genug, erweist sich Zech in dieser Zeit auch noch als waschechter Dieb: Seit 1925 arbeitet er nebenher als Hilfsbibliothekar in der Berliner Stadtbibliothek. Dort gelingt es ihm, über zweitausend noch nicht inventarisierte, teils rare Bücher zu entwenden und zu verkaufen. Die mit dem Diebstahl verbundene polizeiliche Vorladung ist denn auch der Grund, Deutschland und seine Familie 1933 fluchtartig zu verlassen, und nicht etwa, wie er später behauptet, die politische Verfolgung seitens der Nazis. Die SA habe, so will er sich erinnern, ihn für zwei Wochen inhaftiert, seine Wohnung durchsucht und seine gesamte Bibliothek vernichtet oder beschlagnahmt.

Nach der Flucht siedelt sich Zech in Argentinien an, wo er weiterhin zahllose Gedichte, Erzählungen und teils recht umfangreiche Romane schreibt. Er veröffentlicht in vielen Emigrantenzeitungen und -zeitschriften Texte, die in sarkastischer Form den Nationalsozialismus anprangern, und spielt die Rolle eines dissidenten vertriebenen Autors.

Es fällt schwer, diese merkwürdigen Verhaltensweisen zu beurteilen. Ob es sich dabei um bewusste oder unbewusste Verletzungen der schriftstellerischen und auch allgemein menschlichen Integrität handelt, lässt sich heute kaum noch eruieren. Eines scheint aber sicher zu sein: Mit seinem Handeln begibt sich Zech außerhalb der gesellschaftlichen Konvention, stellt sich gewissermaßen selbst ins Abseits, wird zu einem Ausgestoßenen. Das von den Symbolisten und späteren Avantgarden verkündete Prinzip *épater le bourgeois!* wird hier bedenkenlos angewandt und zwar auf einer Ebene, die uns weniger körperlich, aber in unserem moralischen Empfinden umso stärker angreift und uns möglicherweise mehr tangiert, als wenn wir voller Sympathie von Charles Baudelaires Drogenexzessen lesen oder davon, wie Paul Verlaine aus Leidenschaft auf Arthur Rimbaud abfeuert.

Auch lässt sich an all diesen Handlungen erkennen, dass Zech im Umgang mit fremder Literatur offenbar alle zwischen ihm und dem Anderen liegenden Grenzen gänzlich auflöst. Das ist weit mehr als Brechts »Laxheit in Fragen des geistigen Eigentums«, es ist dessen komplettes Negieren. Und doch ist auch diese Haltung ein konsequent zu Ende geführtes Credo der Moderne, die Rimbaud auf die bekannte Formel bringt: »Das Ich ist ein Anderer« (»*Je est un autre.*«) und die Wladimir Majakowski so ausdrückt:

Als Dichter radierte ich aus
die Grenze von Ich und Euch …

Indem Zech seine Poeten übersetzt, begegnet er ihnen quasi in einem höheren Grad von Realität, als wenn er sie in Paris leiblich getroffen hätte. Und Ersteres garantiert gleichsam die Wahrheit des Letzteren, selbst wenn es gar nicht stattgefunden hat. Und wenn er François Villon überträgt, glaubt er ohne den leisesten Hauch eines Zweifels an sein geradezu heiliges Recht, Gedichte zu kürzen, zu verlängern, zu variieren oder komplett umzuschreiben: Eine perfekte Identifikation mit dem Anderen und eine Aneignung von dessen Schaffen. Und was dem Akademiker als ein Akt reinster Willkür erscheint, ist ihm eine schiere Selbstverständlichkeit.

Zechs Auffassung von Villons Kunst, wie sie aus dem Vorwort der ersten Version (1931) hervortritt, ist eine ganz und gar anachronistische, sprich: expressionistische. Das verrät schon sein Vokabular: »Er war, mit aller Heftigkeit eines Hellhörigen im Blut und in der Bewegung des Hirns, ein Erzeugnis der Stunde. In jegliche Stunde, die ihn überkam, passte er sich hinein und füllte sie aus mit heftigen Geschehnissen. Aus solcher Bindung formte sich sein Gedicht …«

In Villons für das Mittelalter nicht untypischen Derbheit erblickt Zech individuellstes Sondergut. Dessen heitere Erotik steigert sich für ihn zu einer nietzscheanischen Apotheose: »Die Weiber spielen in Meister Villons Balladen eine besondere Rolle. Er hat keiner Frau, die er je besaß, einen billigen Schmachtfetzen gesungen. Er griff zu. Er packte sie an der Stelle, wo sie ihrer Veranlagung nach am empfindlichsten waren und in den tollen Dreh der Verzückung gerieten. Sie wurden in seinen Armen trächtige Erde, Blüte und Frucht … Bei ihm ist selbst der pornographische Exzeß eine vom Blut her ins Leben gewachsene Erschütterung vor dem Göttlichen im Tierleib …«

Und natürlich zieht er Villon in seine eigene, auch zeitliche Nähe, indem er ihn erst mit Rimbaud vergleicht und dann auch noch mit seinen expressionistischen Dichterkollegen, mit August Stramm, mit Gottfried Benn: »In ihrem Blut ist zweifellos ein empörerisches Tempo, eine Blutströmung mit Weltgeruch, Abendröten und Karawanen, Börsenkrachs und Barrikaden.« Doch die größte Ähnlichkeit findet er zwischen Villon und –

Johannes R. Becher. »Es gibt in Deutschland heute eigentlich nur einen Dichter, der am Rande der Werkleistung Villons bestehen kann als ein selbständiger Kopf. Es gibt nur einen, der sich von den hirnlichen Belastungen, von der Akrobatik des Handgelenks endlich befreit hat und die Wesenheit aller Dinge besingt. Das ist Johannes R. Becher. Ihm fehlt nur noch die polare Sicherheit des Ichgefühls, die Gleichung von Masse und Ich«.

Zechs in seinem Nachwort erzählte Biografie Villons ähnelt stilistisch einem Kurzroman von Klabund, ist ein Glanzstück expressionistischer Prosa und – wie diese – zum großen Teil reinste Fiktion.

Seine, wie er zugibt, »sehr freien Nachdichtungen« verteidigt Zech tapfer gegen »Philologen und mürrische Magister« und will auch weder mit K. L. Ammer noch »gar mit Bert Brecht« in Konkurrenz treten. »Ich wende mich vielmehr mit meiner Arbeit an Menschen, denen es darauf ankommt, den Villon wenigstens annähernd so zu erfahren, als wäre er noch mitten unter uns: jung, abenteuerlich und gegen die philisterhafte Müffigkeit auf Erden«. In seinem später komplett überarbeiteten und etwas weniger emphatisch gehaltenen Nachwort äußert er sich zudem recht abfällig über andere Übersetzungen: »Gelesen habe ich auch deutsche Villon-Ausgaben, die nach meinem ersten Villon-Band erschienen sind und über die *Reimereien* herzhaft gelacht; zu mehr hat es nicht gelangt«.

Der ungarische Schriftsteller Dezső Kosztolányi hat die Erzählung *Der klemptomanische Übersetzer* geschrieben, in der ein langfingeriger Übersetzer das Original um zahllose Gegenstände erleichtert. Obwohl Zech im Leben ein amtsbekannter Dieb ist, ist er es als Übersetzer nicht. Denn zwar kürzt er das

Villon'sche Werk, wo er nur kann, doch dafür beschenkt er es im Gegenzug reichlich mit selbst geschriebener Lyrik, die nichts mit Villon zu tun hat, es aber mit Leichtigkeit in die Auswahl der bekanntesten und beliebtesten deutschen Gedichte schaffen würde – allen voran *Eine verliebte Ballade für ein Mädchen namens Yssabeau*, die mit den berühmten Zeilen anhebt: »Ich bin so wild nach deinem Erdbeermund«, in der sexuell aufgeladenen Interpretation von Klaus Kinski längst zu einem Schlagerhit geworden. Verse, wie diese:

Die Bäume standen alle grau und krank
im Wald herum, weil in dem Bach der Tag ertrank.
Du aber warfst die Kleider fort vom Leib
und hast ein weißes Licht
mir angezündet, du, mein Abendweib,
mit Wurzelhaar und Tiergesicht.
(Eine neue Ballade, gedichtet für Mira l'Ydolle)

hätten niemals von François Villon stammen können, dennoch lesen wir hier ein starkes expressionistisches Gedicht.

Der Tonfall, den Zechs Kunstfigur anschlägt, ist die Sprache der Berliner Bohème mit ihrer Vorliebe für das Kosmopolitische, für Provokation und Promiskuität. Er verfällt vom rauhsten Slang in die zärtlichste Poesie, will erstaunen, vor den Kopf stoßen, ist in Paris genauso zu Hause wie in exotischen Strandparadiesen. Er äußert sich in grellen Bildern, deftigen Ausdrücken und Respektlosigkeiten, wie etwa das berühmte »Niggerweib«, kurzum in Masken der schnodderigen Lässigkeit, vergleichbar den Filmen eines Quentin Tarantino.

Zech schätzt die Gattung der französischen Ballade die meiste

Zeit über falsch ein – eher im Sinne der deutschen Ballade. Er schreibt: »Villon hat ... die Form der Ballade geschaffen. Er nähert sich damit dem Drama an. Er gab der Handlung freien Lauf in das tägliche Leben«. Nur haben Villons Balladen keine »Handlung«, sie sind nicht narrativ, sondern rein lyrisch. Und wenn Zech manch eine Ballade so anheben lässt:

An einem grauen Regentag
hat uns der Hauswirt ausquartiert ...
(Eine kleine Räuberballade von den drei Coquillards)

Sie kamen alle drei von Flandern her,
der Jean, der Jacques und Nicola ...
(Die Ballade von den drei Landstreichern)

Und als ich in die schöne Stadt reinfuhr,
weil sie so lang und breit am Wasser liegt ...
(Die Ballade von der schönen Stadt Morah)

dann lässt sich bereits daran, dass hier tatsächlich eine Geschichte erzählt wird, merken, dass es sich um eigene Sprachschöpfungen handelt.

Wie steht es aber nun um Zechs Nachdichtungen? Sie sind mehr als frei, und doch ist ein Vergleich mit anderen Übersetzungen aufschlussreich. Hier die erste Strophe aus der *Ballade des femmes de Paris*:

Quoy qu'on tient belles langagières
Florentines, Veniciennes,
Assez pour estre messaigières,
Et mesmement les anciennes;
Mais, soient Lombardes, Rommaines,
Genevoises, à mes perilz,
Piemontoises, Savoysiennes,
Il n'est bon bec que de Paris.
(Villon)

Wohl erfreuen hohen Ruhms
sich die Venetianerinnen
und die Florentinerinnen,
selbst die Fraun des Altertums;
doch ob Genueserinnen,
Savoyarden, Römerinnen,
Neapolitanerinnen,
alle plaudern nicht so süß
wie die Frauen von Paris!
(K. L. Ammer)

Wie sehr als schwatzhaft auch bekannt
Florenzerin, Venezierin,
die selbst im Alter noch gewandt
beim Botendienst als Kupplerin,
Lombardin oder Römerin
samt Genferin noch überdies,
Piemonterin, Savoyerin,
am besten kann's die aus Paris.
(Carl Fischer)

Schöne Frauen gibt es überall
auf der weit und breiten Erdenwelt,
ob am Tiger oder Senegal,
im Palast und im Zigeunerzelt,
ob sie braun sind oder schwarzverbrannt,
ob in Flandern oder Samarkand,
Japanesin oder Niggerweib,
Ebenholz- und Alabasterleib:
Keine Frau auf Erden küßt so süß,
wie die schönen Frauen von Paris.
(Zech)

Ein Blick genügt, um zu erkennen, dass Zechs Nachdichtung die wortgewandteste und poetischste ist, auch wenn sie praktisch kein Wort Villons wiedergibt. Mehr noch, beim näheren Hinsehen stellt sich heraus, dass selbst das Thema ein vollkommen anderes ist: Villons Ballade untersucht die Geschwätzigkeit der besagten Frauen, Zech deren Kussfertigkeiten. Aber er bemüht sich ja auch gar nicht erst um eine »korrekte Übersetzung«: Er entzündet sich vielmehr an einem Stoff oder an irgendeinem Element desselben, vielleicht auch nur an einem Formmerkmal oder einem markanten Wort, und lässt seiner Fantasie freien Lauf, schreibt im Grunde ein eigenes Gedicht, das auch stilistisch alle Eigenheiten seiner eigenen Lyrik aufweist. Die Klänge und Rhythmen der Verse ergeben sich nicht, wie in den anderen Beispielen, aus einem emsigen Silbenzählen heraus, sondern auf sehr plastische Weise aus der Dynamik der Sprache selbst.

Auch der Lyriker Klabund behandelt in seinem *Himmlischen Vaganten* bereits 1919 Villons Gedichte sehr frei und steht möglicherweise für Zechs übersetzerisches Verfahren Pate. Bei ihm beginnt die entsprechende Ballade so:

Soll man denn den Dichtern trauen?
Ihr Geschäft heißt: Lob der Frauen.
Selbst der blinde Dichtervater
Schnurrt gleich einem Frühlingskater,
Harft er von der Helena,
Die sein Auge niemals sah.
Trumpf ist beides: blond und braun.
Doch die Krone aller Fraun,
Wild und mild und bittersüß
Sind die Mädchen von Paris.
(Soll man denn den Dichtern trauen?)

Aber Zech übertrumpft sein vermutliches Vorbild um Meilen. Was Klabund fehlt, ist der starke Impuls und die nötige Portion Chuzpe, um die Grenzen des Erlaubten tatsächlich zu überschreiten. Während wir es bei Zech mit einem jener seltenen Fälle zu tun haben, wo dank einer enormen poetischen Kraft vor unseren Augen ein Dichtermythos – ein neuer Ossian – entsteht, so strahlend, dass er uns an seine Wirklichkeit glauben lässt.

Alexander Nitzberg, Wien 2020

Une fois me dictes ouy,
en foy de noble et gentil femme;
je vous certifie, ma Dame,
Ou'onques ne fuz tant resjouy.

Vueillez le donc dire selong
que vous estes benigne et doulche,
car ce doulx mot n'est pas si long
qu'il vous face mal en la bouche.

Soyez seure, si j'en jouy,
que ma lealle et craintive ame
gardera trop mieulx que nul ame
vostre honneur. Avez-vous ouy?
une fois me dictes: ouy.

Die gesammelten frühen Lieder und Balladen

Die Ballade von den schönen Frauen in Paris

Schöne Frauen gibt es überall
auf der weit und breiten Erdenwelt,
ob am Tiber oder Senegal,
im Palast und im Zigeunerzelt,
ob sie braun sind oder schwarzverbrannt,
ob in Flandern oder Samarkand,
Japanesin oder Niggerweib,
Ebenholz- und Alabasterleib:
Keine Frau auf Erden küßt so süß,
wie die schönen Frauen von Paris.

Auch in Polen und in Wien und Rom,
in der Steppe und vom Kaukasus
bis zum Nil und Amazonenstrom
sind die Frauen wild nach einem Kuß.
Auch in Preußen, Holland und Madrid,
(Eskimo und Lappen zählen mit)
wird von früh bis spät geküßt.
Aber daß ihr auch noch dieses wißt:
Keine Frau auf Erden küßt so süß,
wie die schönen Frauen von Paris.

Selbst die Fraun im grauen Altertum,
Königin von Saba, Niobe,
Dalila, Astarte und der Ruhm
der Lucinde, Sappho, Canadacé,
Helena, Lacmé und Potiphar,
muß verblassen und ins Nichts zergehn
wie der Schnee vom vorigen Jahr;
denn das Wort, das bleibt hier stehn:
Keine Frau auf Erden küßt so süß,
wie die schönen Frauen von Paris.

Zum Geleit:

Drum hab ich mich auch nicht lang bedacht
und den Mädchen von Paris dies Lied gemacht.
Wenn der Wind es nicht verweht,
wird es sein auch euer Nachtgebet:
Keine Frau auf Erden küßt so süß,
wie die schönen Frauen von Paris.

Guter Ratschlag an die im »Goldenen Helm« noch tätigen Mädchen

Du schöne Handschuhmacherin Margret,
zu tollen Streichen immer aufgelegt,
und du, Frau Schusterin, so unbewegt
wie eine Mühle, die der Wind nicht dreht.
Jetzt wird es auch für euch bald Zeit,
daß ihr zusammenrafft, was sich noch raffen
und packen läßt, von jenen Laffen,
die dafür zahlen, wenn ein schönes Weib sie freit.
  Nur ein paar Jahre noch und euer schönstes Stück
  schiebt man wie einen falschen Franc zurück.

Daß du gut tanzen kannst, gewiß, mein Kind,
und einen Teppich knüpfst du auch nicht schlecht,
Luise, nur nicht soviel Wind
dürft ihr euch von dem Pfaffenknecht,
auch wenn er zahlt, ins Wäldchen blasen lassen,
bei diesem Sonntagsjäger könnt ihr leicht
dreimal soviel wie bei den anderen fassen,
so lang die Rüstigkeit noch eben reicht.
  Nur ein paar Jahre noch und euer schönstes Stück
  schiebt man wie einen falschen Franc zurück.

Ja, meine Blanche, auch du bist mitgemeint
und du, Frau Seilerin, nicht ganz zuletzt,
wer fischen will, solang der Mond noch scheint,
muß sehn, daß ihn die Ebbe nicht aufs Trockne setzt.
Wer heut sich rührt, hat morgen keine Sorgen,
und dem, der Sorgen hat, wird niemand borgen.
Der Liebe ist von Gott ein Ziel gesetzt,
sobald sich Schimmel auf die Schönheit setzt.
  Nur ein paar Jahre noch und euer schönstes Stück
  schiebt man wie einen falschen Franc zurück.

Freundliche Nachschrift:

Wer meinen Rat verschmäht, dem wird geschehn,
was mir geschah. Braucht mich nur anzusehn –
der aus dem »Goldenen Helm« und seinem Schelmenpack
herausging wie ein auf den Sand gesetztes Wrack.
  Nur ein paar Jahre noch und euer schönstes Stück
  schiebt man wie meine Wenigkeit zurück.

Die Ballade an eine treulose Freundin

Du hast ein Herz aus Stein in deiner Brust,
und der drückt bergeschwer auf meinen Magen,
und hätte ichs von Anfang an gewußt,
was ich mir aufgeladen habe in den Tagen,
als ich (der Kuckuck weiß vielleicht warum)
hineingeraten bin in deine Fänge,
dann ginge ich jetzt nicht so stumm
wie von dem Wirt, bei dem ich in der Kreide hänge.
  Wie kann man jemand, der mehr gab als nahm,
  so von sich weisen ohne Scham.

Es standen manche Türen mir einst offen,
man ging vorüber, blindlings, wie besoffen
und nüchtern auf die eine, zugeschlossne, zu.
Man hat geklopft und wurde eingelassen,
man stand schon nach dem ersten Kuß auf Du und Du.
Und jetzt muß ich mir einen Wanderstab verpassen
und Mitleid suchen bei den Kettenhunden
und wieder Anschluß bei den Vagabunden.
  Wie kann man jemand, der mehr gab als nahm,
  so von sich weisen ohne Scham.

Gewiß ist, daß auch dir dereinst aufs Haar
der Winter schneit. Dann bist du nicht mehr rar,
dann werden dir die Augen überlaufen
und voller Falten deine Wangen sein,
nach irgendeinem aus dem großen Haufen,
nach einem Buckel oder Humpelbein.
Nur mich wirst du dort nimmer finden,
um mich noch einmal so zu schinden.
  Wie kann man jemand, der mehr gab als nahm,
  so von sich weisen ohne Scham.

Und nun noch diesen Zusatz:

Ich werde allen reinen Wein einschenken,
wie es bei dir mir so erging,
und jeder wird nicht anders denken,
als es geschrieben steht in meinem Fingerring:
  Wie kann man jemand, der mehr gab als nahm,
  so von sich weisen ohne Scham.

Ballade von den berühmten Frauen des Altertums

Nun die Bäume wieder Blüten schnein,
denk ich oft: wo mag jetzt Flora sein,
oder Thais, Sappho oder Salomé,
auch die Nymphe, die den Bach entlang
ihrem weißen Leib die Antwort sang?
In dem Abendbett im roten Klee,
all die frohen Schäferstunden:
wie der Schnee sind sie dahin geschwunden.

Manchmal denk ich oft darüber nach,
ob sie braun war oder blond, die Frau,
daran der fromme Abälard zerbrach
und ein Büßer wurde grau in grau.
Wenn die Bäume wieder Blüten schnein,
welcher Stern mag jetzt ihr Bette sein?
All die frohen Schäferstunden:
wie der Schnee sind sie dahingeschwunden.

Könnt ich sie nur einmal wiedersehn,
Bianca oder Jeanne, die Königin,
einmal noch mit ihr durchs Kornfeld gehn,
bis ich Nimmersatt gesättigt bin.
Ach wohin ist es entflohn, das Reh,
daß ich keine Spur mehr von ihm seh;
all die frohen Schäferstunden:
wie der Schnee sind sie dahingeschwunden.

Lehrreiche Nachschrift:

Wenn die Liebste nicht gleich wiederkehrt,
frag nicht, welchen Mann sie jetzt begehrt,
sonst sind all die frohen Schäferstunden
wie der Schnee dahingeschwunden.

Ein guter Ratschlag, den Villon den jungen Dingern gibt

Ihr jungen Dinger, eben aus dem Ei heraus
und noch nicht ganz vollkommen dort,
wo sich die Menschheit fort und fort
versammeln muß zu jenem Schmaus,
der dafür sorgt, daß wir nicht alle werden.
Ich rate euch, geht nicht gleich allzuwild drauflos,
das hinterläßt Beschwerden,
und solch ein Erbstück kostet nicht bloß Moos,
oft auch den graden Weg ins Leben,
der krumme wird uns ohnedies gegeben.

Die Liebe ist bei Gott kein Kartenspiel,
der man zur Not mit einer falschen Zehn
nachhelfen kann, um nicht belämmert heimzugehn.
Die Reue nach der Freude wiegt nicht viel,
man muß die bittren Tropfen bis zur Neige trinken
und mit gelähmten Flügeln aus dem Fenster sehn,
wie jetzt den anderen die schönsten Freuden winken
und eure Augen sich vor Neid nach innen drehn.

Ihr wißt, daß selbst ein Fuder Wein
sich trinken läßt in einem Jahr,
und dann ist er mit einem Mal so rar,
als wäre das Vergangne nur ein Irrlichtschein
in einem schönen Traum gewesen.
Nicht anders ist es um das Glück bestellt,
wers halten will, wie gutes Geld,
der fahre auch mal mit dem Besen
dazwischen und erlöse sich von jenem Dreck,
der wie die Made in dem fettsten Speck
herumschmarotzt mit Wohlbehagen.
Ihr aber habt die Pein zu tragen.

Eine Bettel-Ballade für meinen armen Bruder Jean Cotart

Mein lieber Noah, weil von dir der Wein
erfunden ward, und du, Gevatter Loth,
weil du in großer Not
zu deinen Töchtern stiegst ins Bett hinein,
damit nicht umkommt, was noch rüstig ist,
ich bitt' euch, schließt nicht eure Ohren zu:
da starb vor einiger Zeit der gute Christ
Jean Cotart. (Gott schenk ihm seine Ruh.)
Ach, nehmt ihn auf in euren Skatverein,
er war, weiß Gott, kein schwarzes Schwein.

Er hat nun leider viel zu früh ins Gras
gebissen … war noch nicht beim letzten Glas
und bei der letzten Freude angelangt.
Wenn ich ihn sitzen sah, mit seinem Kürbisbauch,
das Maul verwachsen fast mit dem Champagnerschlauch;
dann hat vielleicht die Welt geschwankt,
doch Jean Cotart, der schwankte nie.
Der zog nur, wenn der Wein zu krätzig war,
den Kellermeister übers Knie
und ließ ihn fühlen das verpfuschte Traubenjahr.
Ach, nehmt ihn auf in euren Skatverein,
er war, weiß Gott, kein schwarzes Schwein.

Nur wenn er seinen Rausch ausschlief,
dann ging ihm alles krumm und schief,
aus allen Löchern kam es her,
das Lausepack,
und drosch ihn aus wie einen Habersack.
Das war verdammt kein Freudenfeuer mehr.
Er rieb die Krätze sich herunter von der Haut
und hatte wieder eine neue Braut.
Ach, nehmt ihn auf in euren Skatverein,
er war, weiß Gott, kein schwarzes Schwein.

Es gibt von dieser Menschenart,
ich schwöre es beim Bart
des heiligen Propheten Mohammed,
nicht allzuviel. Die meisten haben weniger Hirn,
dafür ein kapitales Brett vor ihrer Stirn.
Ich habe Jean Cotart, so wie er ging und stand,
geliebt. Ich gab ihm meine Bruderhand …
Ach, nehmt ihn auf in euren Skatverein,
er war, weiß Gott, kein schwarzes Schwein.

Die Jammerballade einer schönen Frau aus dem »Goldenen Helm«

Marie, ein Prachtweib einst in dem Bordell
zum »Goldenen Helm«, hielt mich am Rockschoß fest:
»So eilig heute und so stumm, Gesell?«
Setz dich zu mir, obwohl ich nur ein Rest
noch bin, von dem, was einst ich war, auch dir.
Man bleibt nicht ewig jung bei dem Pläsier,
das steht schon bei Johann, dem Täufer, aufgeschrieben.
Und ihr habt es mit mir viel ärger noch getrieben.

Ihr alle, die ihr mich von weitem schon
betastet habt mit Augen langgestielt:
die Pfaffen, Krämer, Offiziers, auch du, mein Sohn.
So mancher hat vortrefflich in mein Herz gezielt
und nicht geknausert, nicht zurückgehalten,
und ich fiel auch nicht auf den Mund
und ließ auch sonst nicht die Natur bloß walten;
ich gab mich aus bis auf den letzten Grund.

Doch das allein hats nicht gemacht,
daß ich so grau bin wie die Katzen in der Nacht,
ich habe manchem auch die hintere Partie
gezeigt, wenn sein Gesicht mir nicht gefiel,
und bin doch reingefallen auf ein Vieh,
auf dieses doppelzüngige Reptil,
das außer seinem Fisch 'nen Quark besaß
und mir vom Brot die Butter fraß.

Wie hat er mich herumgehetzt und schikaniert
und jede Tollheit mit mir ausprobiert.
Gerochen hat er wie ein Pferdestall,
und wenn ich ihm in meiner Lust den Mund
ganz wund gebissen habe, diesem Hund,
dann warf er an die Wände mich wie einen Ball.
Oft lag ich auf dem Bauch, mußt Erde fressen,
und doch hab ich ihn gern besessen.
Von meiner Schönheit ist nicht eine Spur
mehr da, von meinen Brauen, wie der Sichelmond
so schön gewölbt, und von der Perlenschnur
der Zähne, von den Augen glutbewohnt,
von meinen Lippen feucht und feuerrot
wie die Korallen, die das Meer bespült,
von meinem Haar, daß sich noch weicher angefühlt
als Seidenzeug aus dem Chinesenland.

Von meiner Schultern hellem Elfenbein,
von meinem Hals wie Schwanenflaum, so zart und weiß,
und dann die kleinen festen Brüste, mein
geliebtes Apfelpaar, so glühend heiß,
daß jeder Feuer fing, ging er mit einem Kuß darüberhin,
dazu die schlanken Hüften und der kleine Bauch
mit seinem goldgelockten Myrtenstrauch
und einer roten Muschel mittendrin …

Dahin, wie ein vom Hagel abgegrastes Feld,
verrunzelt alles, Wangen, Stirn und Kinn,
von Blatternarben bös entstellt
bis zu den abgegriffnen Brüsten hin,
die hängen auf dem Lumpensack,
auf meinem grauen Bauch herum.
Ach Gott, wie hat das Männerpack
mich stumpf gemacht und wurzelkrumm.

Da kraucht man wie ein Wurm daher,
als wög' der Buckel viele Zentner schwer.
Da hockt man ohne Sinn und glotzt ins Feuerloch
und denkt an all das Böse auf der Welt
und daß uns aus dem schweren Joch
und diesem Hungerleben ohne Geld
der Tod erlösen möchte, morgen schon,
das wäre ein verdienter, ein gerechter Lohn.

Die Ballade von einem netten kleinen Barbier

Er war, wie ich, sagt man, ein Bösewicht.
Ich aber sage euch, das gibt es nicht,
daß noch ein andrer so berühmt sein kann
wie ich. Ihr tut ihm unrecht, dem Barbier.
Er war in jedem Fall ein Edelmann
und gab statt drei Dukaten lieber vier,
wenn er an einem Mädchen seine Freude fand,
der kleine Herr Ranunkel aus Brabant.

In seiner Jugend hatte er nur das,
was er beim Baden sah im Spiegelglas.
Im Sommer war der Wald sein Nachtgemahl,
der nährte ihn mit Wurzelwerk und Tau.
Und auch im Winter war es ihm egal,
ob er im Fuchsloch oder Ziegelbau
für seinen Kopf ein warmes Lager fand,
der kleine Herr Ranunkel aus Brabant.

An einem breiten Fluß sah er ein Schiff
gestrandet wie auf einem Felsenriff.
Er hat es flottgemacht und wollte gleich
ins weite Meer hinaus und fand sie nie,
die grüne Insel auf dem großen Teich,
nur Wind, der wild nach seinem Leben schrie,
weil er den Kniff beim Segeln nicht verstand,
der kleine Herr Ranunkel aus Brabant.

Auch das erfuhr er früh, daß in der Stadt
nicht jeder gleich ein stolzes Reitpferd hat.
Da wurde er der letzte Knecht im Stall
und hat sich den Betrieb erst angesehn
und konnte gleich dem ersten Sündenfall
in seiner armen Haut nicht widerstehn;
weil er das Stehlen ganz natürlich fand,
der kleine Herr Ranunkel aus Brabant.

Und als er immer kühner wurde und
auch mit dem Messer stach, der freche Hund,
hat ihn der Club zum Hauptmann auserwählt.
Da wurde er in dem Latein-Quartier
nur wohl zum Schein ein hurtiger Barbier
und hat die Männer alle abgekehlt,
die man am Fluß mit leeren Taschen fand,
der kleine Herr Ranunkel aus Brabant.

Und als er seinen Lohn dafür bekam
und hängen sollt am Platz vor Notre-Dame;
da haben sich die Frauen aus der Stadt
zum Bürgermeister auf den Weg gemacht
und taten schließlich auch das Feigenblatt
noch ab und sagten, daß er jede Nacht
bei ihnen war, der da beim Henker stand,
der kleine Herr Ranunkel aus Brabant.

Da hat der Rat ihm nur das Fleisch verbrannt
mit einem Schimpf und in den Wald verbannt.
Und wenn ihr glaubt, daß er schon längst vor Qual
verhungert ist, habt ihr noch immer nicht
gemerkt, daß man im Wald auch ohne Licht
die Haselnüsse pflücken kann, zumal
er diese Liebe noch viel schöner fand,
der kleine Herr Ranunkel aus Brabant.

Eine kleine Räuberballade von den drei Coquillards

An einem grauen Regentag
hat uns der Hauswirt ausquartiert,
und weil die Stadt am Wasser lag,
sind wir nach Norden abmarschiert.
Da stand ein Dorf im nassen Gras,
doch als die Sonne wieder schien
und jedes Tier sein Haus besaß,
da mußten wir doch weiter ziehn.
Sie sagten, daß man uns auf tausend Schritt
schon riechen kann, es gab hier nichts zu erben,
und was man uns vom Brot abschnitt,
das war zuviel für ihrer drei zum Sterben.

Kennt ihr den Hohlweg von Laon,
drei Straßen durch den Tannenwald?
Da hat uns plötzlich ein Cochon
die Kugeln um den Kopf geknallt;
wir wollten ihm den Wagen nur
herausziehn aus dem dicken Dreck,
und alles, was da mit ihm fuhr,
war furchtbar aufgeregt vor Schreck.
Sie sagten, daß man uns auf tausend Schritt
schon riechen kann, es gab hier nichts zu erben,
und was man uns vom Brot abschnitt,
das war zuviel für ihrer drei zum Sterben.

Der Bauer stiehlt dem Herrn das Brot,
dem Bauer stiehlt es der Baron.
Und einer schlägt den andern tot
für nichts als einen Gotteslohn.
Was übrig bleibt, stinkt in der Welt
herum und hat ein dickes Fell.
Wie gerne machten wir zu Geld
das Fell von Meister und Gesell:
Sie sagten, daß man uns auf tausend Schritt
schon riechen kann, es gäb hier nichts zu erben,
und was man uns vom Brot abschnitt,
das war zuviel für ihrer drei zum Sterben.

Der Wein ist teuer und zu dritt
ein Bett im Wirtshaus ist es auch.
Im Beutel ging die Laus nur mit,
das Geld lag längst verfault im Bauch.
Da kamen drei Soldaten her
mit einem roten Band am Hut,
die sagten: ei, für das Gewehr,
da seid ihr alle drei noch gut.
Wir aber rochen schon auf tausend Schritt
den Höllenpfuhl, da gab es nichts zu erben.
Denn wo im Feld die rote Sichel schnitt,
da waren Männer nie genug zum Sterben.

Ein Zusatz zum Nachdenken:

Sie starben, wie man eben sterben muß,
weil's ihrer viel zu viel auf dieser Welt schon sind;
die Köpfe fielen ab und trieben auf dem Fluß
vorüber und es wurde niemand davon blind.

Die Räuberballade von Pierre, dem roten Coquillard

Mit seinem alten Hut schief im Gesicht
und mit dem Messer in dem Gürtel drin
und auch nicht immer ganz im Gleichgewicht
(das kam vom Rum und dem verfluchten Gin);
so steht er vor euch, Pierre, der rote Coquillard,
der führte die Soldaten an der Nas herum.
Und weil er überall und nirgend war,
da nahm ihm das Gericht die Sache krumm.

Pierre konnte nie ein Mädchen weinen sehn,
er nahm es mit, wenn er zum Fischen ging.
Nur in die Kirche ließ er sie alleine gehn
und drehte irgendwo ein neues Ding.
Doch hat er nie die Armen ausgeraubt,
weil er nur scharf auf Taler und Dukaten war.
Und wer euch diesen Spruch nicht glaubt,
dem sagt: Das war der Pierre, der rote Coquillard.

Und als er unser Hauptmann war
mit dem Gesicht voll Narben kreuz und quer
und auf dem Schädel keine Spur von Haar;
da wurden uns die Taschen nicht mehr leer,
da waren wir die Herren in der Stadt
und tanzten jede Nacht statt der Soldatenschar.
Und wenns die Polizei erfahren hat,
dann war er nicht mehr da, der rote Coquillard.

Man sagte, daß es in der ganzen Welt
nicht einen Schurken gäbe, der ihm gleicht.
Wie mancher Baas hat sich für unser gutes Geld
den Bauch um viele Zentner aufgeweicht.
Das hat dem Henker längst nicht mehr gepaßt,
er saß im Wald allein bei seiner Rabenschar.
Da lud er sich zu Gast,
so wie er war, den Pierre, den roten Coquillard.

Die Ballade von den drei Landstreichern

Sie kamen alle drei von Flandern her,
der Jean, der Jacques und Nicola.
Der Pflaumenbaum warf keinen Schatten mehr
und auf dem Feld war schon der böse Winter da.
Sie haben sich im Feld ein Feuer angemacht
und, weil grad wer vorüberkam, ihn umgebracht.

Der Händler wog wohl tausend Taler schwer.
Im roten Feuer auf dem Winterfeld;
sie machten ihm noch schnell die Taschen leer
und stritten sich nicht lange um das Geld.
Ein roter Mond war auch dabei
und nahm ihn auf, den letzten Schrei.

Das Eis zerschmolz und Jean und Jacques und Nicola,
die schmolzen auch in Glück und rotem Wein dahin.
Sie wußten nicht, daß es der Mond war, welcher sah,
wohin der Händler fiel und wer sich am Gewinn
beteiligt hat. Es schien der Mond die lange Nacht
so rot und hat es an den Tag gebracht.

Der Jean, der Jacques und Nicola:
Als sie den Henker sahen groß und rot,
da wußten sie, was ihrem Hals geschah,
und wollten doch so jung nicht in den Tod.
Es hat kein Schreien und kein Beten was genutzt,
der Sarraß hat die Rüben weggeputzt.

Und als der Mond darauf zum Händler kam,
wuchs schon ein Baum ihm aus dem Leib heraus.
Mit seinen schwarzen Armen nahm
er sie hinunter in das Wurzelhaus,
die drei geköpften Brüder da;
den Jean, den Jacques und Nicola.

Ich habe dieses Stück mir nicht zum Zeitvertreib
für lange Winternächte ausgedacht.
Ich weiß nur, daß mein armer Leib
vielleicht die gleiche Winterreise macht
wie Jean und Jacques und Nicola.
Im roten Mond hat manchem schon das Herz geklopft,
und wenn es niemand sah,
hat er sich auch die Taschen vollgestopft.

Wenn eine schöne Frau euch mal den Kopf verdreht;
laßt ihr den Spaß, wie schnell ist das verweht,
was vorne schmeichelt und hinten kratzt.
Man muß die Dinge nehmen, wie sie eben sind,
denn wer sich wehrt, der ist erst recht verratzt
und bleibt sein Leben lang ein Blatt im Wind,
wie mit den hundert Frauen König Salomo,
bei keiner war er seines Herzens froh.

Auch Orpheus war gewiß kein Hasenfuß,
als er von seiner Freundin ohne Gruß
in schwarzer Nacht in eine Felsenhöhle fuhr.
Jedoch Narziß, der schöne Spiegelheld,
der hat sich selber wohl ein Bein gestellt,
von wegen der mißratenen Natur.
Liebst du dein Fleisch im Leben ebenso
wie Onan, wirst du deines Lebens nimmer froh.

Sardanapal, der trank nur Honigwein
und wollte gar zu gern ein Weibsbild sein;
mit seinen Mägden hat er Nacht für Nacht
den Flachs gedreht und wurde fett dabei.
Auch David hat wer weiß wieviel Geschrei
um eine Dame Bathseba gemacht,
nur weil er einmal ihren Pipapo
am hell-lichten Tage nackt gesehen hat,
nachher noch mehr und wurde doch nicht froh.

Von Ammon sagt man, daß in seiner Gier
nach einer Jungfernhaut, er auf die eigne Schwester
geriet, anstatt in die entlegenen Nester
vom Stamme Israel. Und jenes andre Tier
(ich meine den Herodes jetzt)
hat dem Johann den Kopf vom Rumpf gewetzt
für einen Tanz der Salomé. Auch sie ließ er ermorden
und ist der Lustbarkeit nicht froh geworden.

Zuletzt hat auch Villon schon mancherlei
erfahren, was wohl mit der Liebe sei.
Er war zum Beispiel in Margot verknallt,
die liebte ihn mit Lüge und Betrug
und lockte ihn in einen Hinterhalt,
wo man ihm alle Knochen blutig schlug.
Da lag er wie ein Frosch im faulen Stroh
und wurde nie mehr seiner Liebe froh.

Lehrreicher Nachsatz:

Es ist schon besser, wenn man unbeweibt
auf dieser Welt als Mann sein Wesen treibt.
Die Weiber haben alle nur den einen Dreh:
daß es allein der Mann sei, der zu schenken hat,
was er an Fleisch et cetera pepe
verdecken muß mit einem Feigenblatt.
In diesem Leben ist's nun einmal so,
deshalb wird man der Lust auch nur Minuten froh.

Seid was ihr wollt: Soldaten, Schuster, Opernsänger,
Produktenhändler oder auch nur Hundefänger,
ob ihr verlaust seid oder an der Börse spekuliert
mit Haifischflossen, Niggerschweiß und Kaffeebohnen,
ob sich die geraden oder mehr die krummen Wege lohnen;
nur wo ihr euer Geld verliert,
bei Weibern, Wein und Kartenspiel,
da wiegt ihr allesamt nicht viel.

Stopft euch den Bauch mit Kaviar und Pfauenzungen
und qualmt solange, bis aus den zerfressnen Lungen
die Schwindsucht grinsend in die Landschaft stiert,
seid Ballspiel-Meister, sammelt Autographen,
wählt Parlamente und euch selber zu den Oberschafen;
nur wo ihr euer Geld verliert,
bei Weibern, Wein und Kartenspiel,
da wiegt ihr allesamt nicht viel.

Von allem Übel kann euch nur der eigne Dalles retten,
denn wer nichts hat, sein Haupt darauf zu betten,
kein Haus und auch kein Rock, wenns ihn im Winter friert;
der fühlt, wie schwer die armen Knochen wiegen,
wenn sie verfault bei Aas und Maden liegen,
und denkt: wer jetzt die Lust verliert,
der wog bei Weibern, Wein und Kartenspiel
nicht einen Pappenstiel.

Die Ballade von Villon und seiner dicken Margot

Da regen sich die Menschen auf, weil ich
mit einem Mädchen geh, das sich vom Strich
ernährt und meine Wenigkeit dazu.
Ich aber hab die Kleine doch so schrecklich gern,
ich bürste ihr die Kleider, putz ihr auch die Schuh,
damit die Offiziers und Kammerherrn
sich wie im Himmel fühlen,
in dem Kabuff, in dem wir beide wohnen.

Ich bleibe immer vornehm und diskret
und warte, bis die Kundschaft wieder geht,
und zähle schnell die Taler nach,
und wenn es weniger sind,
als der geehrte Herr versprach,
dann gibt es leider etwas Wind
in dem Kabuff, in dem wir beide wohnen.

Mitunter nage ich auch an dem Hungertuch
bei meinem schwarzen Schwan, wenn der Besuch
ins Stocken kam.
Mein Gott, die schönste Huld
hört auf und macht den Menschen weniger zahm,
der Teufel hole die Geduld.
Und so läuft mir die Galle eben über
in dem Kabuff, in dem wir beide wohnen.

Dann hat mich die Margot so lieb wie nie
und schnurrt und putzt sich wie ein Katzenvieh:
»Sei wieder nett zu mir und gut!«
Und ich bin auch kein hölzernes Gestell,
das gibt uns beiden einen frischen Mut.
Bald ist es wieder flott, das Karussell,
und dreht die kunterbuntesten Figuren
in dem Kabuff, in dem wir beide wohnen.

Anhängsel zur freundlichen Aufmunterung:

Sehnt ihr in dieser tristen Zeit euch sterbenskrank
nach einer warmen, weichen Ruhebank,
dann, meine Herren, seid ihr uns willkommen
in dem Kabuff, in dem wir beide wohnen.

Die Ballade von den Vogelfreien

Vor vollen Schüsseln muß ich Hungers sterben,
am heißen Ofen frier ich mich zu Tod,
wohin ich greife, fallen nichts als Scherben,
bis zu den Zähnen geht mir schon der Kot.
Und wenn ich lache, habe ich geweint,
und wenn ich weine, bin ich froh,
daß mir zuweilen auch die Sonne scheint,
als könnte ich im Leben ebenso
zerknirscht wie in der Kirche niederknien …
ich, überall verehrt und angespien.

Nichts scheint mir sichrer als das nie Gewisse,
nichts sonnenklarer als die schwarze Nacht.
Nur das ist mein, was ich betrübt vermisse,
und was ich liebte, hab ich umgebracht.
Selbst wenn ich denk, daß ich schon gestern war,
bin ich erst heute abend zugereist.
Von meinem Schädel ist das letzte Haar
zu einem blanken Mond vereist.
Ich habe kaum ein Feigenblatt, es anzuziehn …
ich, überall verehrt und angespien.

Ich habe dennoch soviel Mut zu hoffen,
daß mir sehr bald die ganze Welt gehört,
und stehn mir wirklich alle Türen offen,
schlag ich sie wieder zu, weil es mich stört,
daß ich aus goldnen Schüsseln fressen soll.
Die Würmer sind schon toll nach meinem Bauch,
ich bin mit Unglück bis zum Halse voll
und bleibe unter dem Holunderstrauch,
auf den noch nie ein Stern herunterschien,
François Villon, verehrt und angespien.

Die Ballade an den Herzog von Burgund

Mein sehr verehrter Landesherr: zuvor
ergebnen Gruß. Ich bin zwar kein berühmter Mohr,
kein Kardinal und kein Minister oder so,
ich heiße kurz: Villon, bin unbeweibt
(was allerdings nicht heißt, daß sich kein Weib
an mich mehr reibt,
wenns ihr so ist nach solchem Zeitvertreib).
Ansonsten bin ich froh,
wenn mir kein Pastor, dems nach meiner Seele juckt,
auf die polierten Stiebel spuckt.

Nun hat nach einer kleinen Sauferei,
am Hafen unten, jemand ein Geschrei
um seinen Hut gemacht, der flog ihm wohl vom Kopf
und aus der Scheide auch zugleich das Schwert.
Da habe ich mich eben notgewehrt,
mehr war er auch nicht wert, der Tropf.
Nun soll ich hier in diesem Affenstall
den Lohn empfangen für den Sündenfall.

Der Affenstall an sich, der stachelt mich
nicht allzusehr; nur das ist widerlich,
daß man kein Geld im Beutel hat.
Ich hänge sozusagen in der Luft
und werde hin und her gebufft
wie ein verschrobenes Brombeerblatt.
Kurzum, mein Herr, es liegt in deiner Macht,
wenn der Villon mal wieder lacht.

Ich habe nie bei armen Leuten angeklopft,
mir oft genug mit Wind das Maul gestopft.
Du aber, Herr, wirst diese Ehre schon
zu schätzen wissen ... dachte so an dreißig Pfund
in Gold. Ich zahl natürlich, wenn mich Gott gesund
aus diesem Loch entläßt und der Gendarm mich um den Lohn
nicht etwa noch betrügt, das Doppelte zurück.
Als Pfand vermach ich dir den Galgenstrick.

Notwendige Nachschrift:

Was alles unternimmt man nicht,
wenn vieles schief und noch viel schiefer geht,
es reicht bei mir nicht mehr zu einem Dreierlicht
und in der Finsternis gerät mir kein Gebet.
Doch wenn du glaubst, verehrter Baas,
es macht mir Spaß,
um die paar Pfund
dich anzuheulen wie ein Hund,
dann bist du selber einer
und obendrein noch ein gemeiner.

Die Ballade vom angenehmen Leben auf dieser Welt

Er hat ein Bett und hat auch Feuer im Kamin,
es reitet hin und her auf seinen Knien
die reizende Marie. Von wegen jener Glut
sind beide unbedeckt; wozu auch nicht?!
Der süße Wein, der Hetzhund, jagt ihr Blut
zum letzten Schwung. Sie tuns bei Licht,
denn in der Finsternis ist manches unbequem.
Nur der, der lebt, lebt angenehm.

Auch der Villon hat sich noch nie ein Bein
hinkniend ausgerenkt, ein frommer Christ zu sein,
viel weniger noch um einen Bissen Brot
mit Bettel sich beschmutzt; ich danke sehr!
Es kommt die schwarze Pest und Hungersnot
auch zu dem frommen Mann und säuft ihn leer.
Ich frage nicht, woher, wohin die Winde wehn.
Ich habe und wer hat, lebt angenehm.

Da lieg ich, wie ich bin, im hohen Gras
und denk nicht anderes als das,
daß von dem Baum nicht weit der Apfel fällt.
Und in dem Apfel wohnen schon die Würmer drin,
damit er nicht zu lange sich am Stengel hält,
und dabei kommt der Spruch mir in den Sinn:
Mensch, wenn was kommt, frag nicht wofür, für wen,
du hast, und wer was hat, lebt angenehm.

Es geht auf dieser grauen Elendswelt
wohl gar nichts ohne Sorgen um das Geld
und von dem Brot allein wird niemand satt im Darm.
Doch wenn man Wildpret hat und sich mit Wein
den Schlauch anfüllt und hinterdrein noch ein
vergnügtes Weibchen hält im Arm,
für den kann diese Welt zugrunde gehn,
er hat und also lebt er angenehm.

In Kalk, noch ungelöscht, in Eisenbrei,
in Salz, Salpeter, Phosphorgluten,
in dem Urin von rossigen Eselsstuten,
in Schlangengift und in Altweiberspei,
in Rattenschiß und Wasser aus den Badewannen,
im Saft von einem Krötenbauch und Drachenblut,
in Wolfsmilch und dem sauren Rest der Rotweinkannen,
in Ochsengalle und Latrinenflut:
  In diesem Saft soll man die Lästerzungen schmoren.

In eines Katers Hirn, der nicht mehr fischt,
im Geifer, der aus den Gebissen
toller Hunde träuft, mit Affenpiß vermischt,
mit Stacheln, einem Igel ausgerissen,
im Regenfaß, drin schon die Würmer schwimmen,
krepierte Ratten und der grüne Schleim
von Pilzen, die des Nachts wie Feuer glimmen,
in Pferderotz und heißem Leim:
  In diesem Saft soll man die Lästerzungen schmoren.

In dem Gefäß, drin alles reingerät,
was so ein Medikus herausholt aus dem schwieren
Gedärm an Eiter und verpestetem Sekret,
in Salben, die sie in den Schlitz sich schmieren,
die Hurenmenscher, um sich kalt zu halten,
in all dem Schmodder, den die Lust
zurückläßt in den Spitzen und den Spalten;
(wer hätte nicht durch solchen Schiet hindurchgemußt!)
  In diesem Saft soll man die Lästerzungen schmoren.

Erweiterte Nutzanwendung:

Ihr Brüder, packt all die saubren Sachen
(gehn sie in den verfaulten Kürbis nicht hinein)
in eure Hosen, um den Bottich voll zu machen,
gebt auch die Nachgeburt von einem Schwein hinein,
und hat's vier Wochen lang gegoren:
  In diesem Saft solln eure Lästerzungen schmoren.

Die Ballade von den Armen und den Reichen

Als Lazarus einst in der Asche hocken mußte,
den Leib von Eiterschwären ganz entstellt;
wer von den treuen Nachbarsleuten wußte,
was Elend heißt? Sie lebten nur dem Geld
und rührten keinen Finger für die Armen.
Sie sagten: wen Gott straft mit harter Hand,
dem darf kein Christ sein Mitleid schenken und Erbarmen,
sonst macht der Mann Geschäfte mit dem Höllenbrand
allüberall, wo sich die Menschen drängen;
denn wers lang hat, der läßt es auch lang hängen.

Sie wußten wohl, warum sie diesen Spruch
herunterschnurren, diese Seelenfänger
und Oberhäupter aller Kirchengänger,
sie standen bei den Armen nie in einem Wohlgeruch.
Sie lagen bei den Weibern vorn, bei Männern umgekehrt,
sie fraßen Fleisch und ließen ihre Schäflein fasten.
Ich sah noch keinen Fürsten krank und abgezehrt,
sie darbten nie, sie soffen nur und praßten,
und zogen, wenns nicht langte, an den Glockensträngen;
denn wers lang hat, der läßt es auch lang hängen.

Alle fragten mich, woher ich das denn wisse,
da ich doch nie die höhre Philosophie
mit solchem Fleiß studierte so wie sie,
statt dessen aber in die schlimmsten Finsternisse
hinunterstieg und mich dem Satanas verschrieb
für einen schwülen Venusinen-Reim …
Ach ja, ich brachte manche lasterhaften Lieder heim
von meinen oft sehr angenehmen Gängen
als Schürzenjäger, Vagabund und Dieb;
denn wers lang hat, der läßt es auch lang hängen.

Eine Ballade für den Hausgebrauch im Winter

François Villon sagt: Das bin ich,
welcher groß und grade vor euch steht.
Seht, in seinen Augen spiegeln sich
alle Dinge umgedreht.

Niemand weiß, woher er kam,
will auch niemand hier sein Bruder sein.
Als er sich den Wind zur Wohnung nahm
und ins Bett den kalten Stein

hat er seine Heimat satt gehabt,
wollte lieber sein ein Waisenkind,
so zerfetzt und abgeschabt,
wie im Herbst die Bäume sind.

Wenn ich eure Huld jetzt will,
Bettelpack im Hospital,
und auch manchen Abend still
euch um euren Wein bestahl.

Hier, im Nebel sind wir alle gleich:
Kavalier und Schinderknecht;
jeder raucht bekümmert bleich
seinen Tobak und verträgt ihn schlecht.

Hängt zuguterletzt noch gar
eine Larve sich in das Gesicht.
Alles, was an ihm natürlich war,
stäubt zu Asche in dem trüben Licht.

Aber François, der sagt:
auch der Nebel tut euch nix,
wenn der Wind den Schnee zusammenjagt,
brauen wir uns einen Glühwein fix.

Denn mit diesem Stoff im Bauch
fängt die Welt erst richtig an,
und die Weiber sagens auch:
besser zwei, als keinen Mann.

Wichtig ist nur, daß man nicht
früher sich verliebt,
als der Mond sein Kußgesicht
durch das Fenster schiebt.

In des Fleisches weißer Glut
wohnt man wie gewiegt,
jeder Mensch ist gut,
wenn ihn warm ein Arm umschmiegt.

Alle müßt ihr so verspielt noch sein
wie ein Katzenpaar;
auch Villon sagt niemals nein,
hängt sich das Geziefer in sein Haar.

Immer, wenn der Schnee noch da
auf den Feldern schwimmt,
sing ich zur Harmonika,
und mein Mädchen meint: es stimmt,

was ich dann und wann
ihr geflüstert habe vor dem Schlaf
und sogar als müder Mann
noch ins Schwarze traf.

Und bedenkt, daß niemand mehr viel Zeit
zu verlieren hat;
manchem blieb vom Sommerkleid
kaum das Feigenblatt,

darum tanzt, solang der Atem hält,
rund um euren Bauch herum,
mit dem letzten Apfel, der herunterfällt,
gehts auch in der Liebe schief und krumm.

Tröstlich sollt ihr euch dann an Villon
die verschnupfte Nase fegen
und mit seinem neusten Song
fleißig das Gebiß bewegen.

Wo man singt, sagt Orpheus schon,
werden selbst die Steine weich
und erlösen den verlorenen Sohn
aus dem Tierbereich.

Auch Villon hat oft mit Treber nur
seinen Bauch genährt,
doch er denkt an diese Tour
kaum zurück noch, wenn der Tag sich jährt.

Viele Höllen mußte er
noch erleben, eh die Freiheit kam.
Und sie lief nicht mehr so nebenher,
als er sie in seine Arme nahm.

Mit den Jahren freilich wird das Blut
auch bei ihm so naß und kalt.
Und dann hängt er seinen Hut
einfach an den nächsten Ast im Wald.

Das kleine Testament

Auswahl und Variationen

Im Jahre fünfundzwanzig meines Lebens, als ich noch
sehr rüstig auf den Beinen war
und durch die Landschaft fuhr, nicht so wie ein Scholar,
der heute betteln geht und morgen schon im Loch
bei Brot und Wasser brummt … oh, nein!
Villon war auch in diesem Fall kein Tugendbold,
doch hat er sich nicht bloß mit einer Pulle Wein
begnügt, er nahm, von wems grad kam, auch Reisegeld.

In diesen fetten Erdenjahren also kam
mir eines Tages das Gefühl, daß ich
wohl doch den dicken Trennungsstrich
einbrennen muß in das Bisher und ohne Gram
von manchem Abschied nehmen, was sehr nett
und friedlich war. Es hat auch keinen Sinn,
wenn man in jedem Winkel gleich sein Bett
aufschlägt und sich den Sauerkohl rasiert vom Kinn.

Kurzum: am warmen Herd zur Winterszeit,
warf ich mich in die Heldenbrust
und sagte: François, nun sei gescheit
und tu, was du nach Gottes Ratschluß mußt.
Streif ab den goldnen Fingerring
und sag der Kleinen, wo der Schuh dich drückt.
Und weint am Ende gar das dumme Ding
und meint: du seist verrückt,

dann hau ihr eins und, langt es nicht, auch zwei.
Sie hat dich nie mit Zuckerbrot verwöhnt,
und lagst du mal des Nachts, du Luder, bei
der andern Frau, dann hat sie dir die Ohren vollgeklöhnt.
Ich habe diese Freundschaft gründlich satt.
Am besten, glaub ich, bleibt man unbeweibt
und lebt dahin, wie an dem Weidenbaum ein Blatt,
das abfällt und im Wasser weitertreibt.

Ich habe wirklich allen Grund,
die alte Liebe endlich abzubauen.
Nur ihretwegen hat mich ein verfluchter Hund
mit seinem Säbel grün und blau gehauen.
Ich habe mich gewehrt und biß ihm flott
die Nase ab. Doch sie, die hinterlistige Marie,
lag hinterm Busch und lachte sich kapott.

Jetzt habe ich für alle Zeit genug von ihr
und fordere Gerechtigkeit,
ich bin doch nicht ihr Trampeltier,
selbst wenn sie bis zu ihrem Ende nach mir schreit.
Die weiße Larve lügt, wenn sie mich küßt,
und glaub ich, daß sie mich mit ihrer Liebe meint,
schmeckt ihr Gebiß ein anderes Gelüst
und sagt: das ist doch gar nicht so, wie's scheint.

Verdammt! Sie hat mich dem Gericht
verraten um ein Silberstück.
Die Narbe quer durch mein Gesicht,
auch die verdank ich ihr, und kann von Glück
noch sagen, daß ich nicht das Licht dabei verlor.
Wer weiß, ob morgen nicht mein Frühstückswein
mit Gift verschnitten ist, damit ich Tor
herniederfahre zu Gewürm und morschem Bein.

Was bleibt mir sonst denn noch zu tun,
als abzureisen Knall und Fall,
vielleicht erblüht mir bald ein neues Huhn
in einem abgelegnen Bauernstall,
vielleicht auch reise ich mit einem Ruderboot
nach dem gelobten Lande Samarkand
nähr mich von Affen- und Johannisbrot
und werde zwischendurch auch Elefant.

Ich habe zu den wilden Tieren immer schon
mich hingesehnt und, als der Herr mich schuf
aus einem grauen Haufen Töpferton,
wahrscheinlich auch den Sammelruf
der Dromedare überhört, sonst hätt ich längst
mein Glück gemacht im Mohrenland
und fräße nur das Herz von einem Steppenhengst
und hätte jeden Abend neue Freuden an der Hand.

Des Tags wär da ein grüner Wiesenstrich
mit Kletterbäumen, leichter als der Wind.
Und mit der weißen Wolke flöge ich
so hoch, wie die Gestirne sind.
Auch in den Flüssen lebt es sich nicht schlecht,
mit nacktem Leib so braun wie Wachs,
da möcht man sein ein schlanker Hecht
und junge Welse fressen, Karpfen oder Lachs.

Die Menschenart hat wohl nur ein Jahrtausend noch
Besitzrecht an den Dingen dieser Welt.
Dann klafft das große Hungerloch
und nichts erhält man für sein gutes Geld.
Auch die Dukaten, die der Staat
auf meinen Kopf hat ausgesetzt,
es lohnt dann nicht mehr, daß man für son bißchen Draht
auf meine Spur die scharfen Hunde hetzt.

Es ist nur schade für die Zeit, die ihr damit versäumt,
denn mit dem Sack, auf den ihrs abgesehen habt,
hat längst der Hunger aufgeräumt.
Ich sah im Spiegel mich noch nie so abgeschabt,
drum lobe ich die Äpfel, denn sie sind
in diesem Jahr so gut geraten wie noch nie;
ich freu mich, wenn sie braten, wie ein Kind
und spüre kaum die Stiche in dem steifen Knie.

Die Äpfel … ach wohin verirrt sich jetzt mein Sinn?
Man denkt an jene weißen, Stücker zwei
an einem Stamm. Was alles gab man dafür hin,
in blinder Lust und wilder Völlerei,
von seines Lebens Saft und Mark,
und was zurückblieb, war ein Quark;
zwar nicht für beide Teile gleich gewogen,
das Schicksal hat das Schwerste mir alleine beigebogen.

Ging es auf dieser Welt mit rechten Dingen zu
und hieße ›Hahn in Ruh‹ auch wirklich Ruh,
dann müßte ich im eignen Saft jetzt schmoren
und wohlgefällig ansehn, was ich hinterließ.
Nicht alle meine Schöße haben fehlgeboren.
Von einem Sohn, der vorn Thibault und hinten François hieß,
hat eine Nachbarschaft behaupten wollen,
er ließe wie ein Pfaff die Augen rollen …

und eben deshalb sei er nicht ganz echt.
Ich habe nie gehadert um mein Recht.
Ob er von meinem oder einem fremden Baum
sich schütteln ließ, um zwischen beide weich zu fallen:
Ich weiß mir selber keinen Herbergstraum,
seit sich die Winterwolken schwarz zusammenballen.
Selbst, wenn ich darum bäte, gäbe man mir nicht heraus,
was all den Müttern zuwuchs in dem Kuckuckshaus.

Wer wollte leugnen, daß ein Mann, der liebt,
auch die Gefahr nicht scheut, um sich bei jenen Damen,
mit den bekanntlich nicht sehr schönen Namen,
all das zu holen, was es zuhause niemals gibt,
seis der Migräne wegen oder weil
das Haus gereinigt wird in allen Ecken
von Mäusen, Mehlgewürm und Zecken;
oft ist es auch im Innern der Madame nicht heil.

Die Stellvertreterinnen lieben freilich nur für Geld
und nach der Uhr auf Stunden eingestellt.
Sie machen nicht viel Federlesen mit den Kavalieren,
sie rupfen nur, das ist ihr gottgewollter Hauptberuf.
Sie nehmen alles an, ein Buckel kann sie nicht genieren
und auch kein Einarm und kein Pferdehuf.
In der Natur ist auch nicht jede Pflanze wohl geraten,
dort regulieren meist die Säge und der Spaten.

Nur Mucker und längst ausgebrannte Röhren,
die fordern, daß die Huren nicht zum Menschenvieh gehören
und daß allein der Holzstoß ihre Ruhstatt sei,
mit eines Pfaffen Höllenbann und Fluch.
Ich lobe mir den Klugen, der auch ohne Bibelbuch
sich frei weiß von der Unrat-Riecherei
und ohne Furcht und Tadel nachkommt seinen Pflichten:
auch einer Hure die Gebühren zu entrichten.

Denn schließlich liebte sie auch mal in Ehren
den Einen, der zum ersten Mal sie nahm,
und konnte es ihm auch nicht gut verwehren,
wenn er zum fünften und zum zehnten Male kam;
sie glaubte seinem Treueschwur aufs Wort
und trieb es, was sie plagte,
noch nicht mit einem Zweiten oder Dritten fort.
Erst als er sich auf Nimmerwiedersehn vertagte …

da merkte sie, wohin die Liebe blind gerät,
wenn man zu hitzig ist mit den Gefühlen.
Jetzt wirds jahrein, jahraus, von früh bis spät
nicht leer mehr auf den Polsterstühlen.
Was ist die Folge, die den Mann betrifft,
er kennt die Weisheit jener Griechenschrift:
»Bei einer Frau und auf der Jagd mit scharfen Hunden,
dort zahlt man das Vergnügen gern mit Blut und Wunden.«

Daß ich nicht schmäler zahlte, ist gewiß,
sonst stünde ich nicht hier als Anwalt der Partein.
Doch einmal wollte ich auch mal ein Mädchen freien,
die keine Gelder nahm, nicht kratzte und nicht biß.
Die sagte: »Lieben darfst Du mich, doch nur als Braut
und nach der Hochzeit laß ich Dich auch zu mir ein.«
Sie wollte eines Bischofs Tochter sein.
Ich kam davon mit einer unbefleckten Haut.

Ich ließ dafür von meinem Lebenssaft
ein ganzes Fuder gleich und später gabs noch Kerkerhaft.
Doch das geschah nur mit Marlen; an die bin ich geraten,
wenn man zuweilen, wenn es einen beißt,
mit beiden Beinen von dem graden Weg entgleist
und nebenbei noch in der Folter schwitzen muß und braten.
Wie allbekannt ist solche Prozedur nicht angenehm,
denn überall besteht man nicht aus einem Klumpen Lehm.

Es ging schon manchem, wenn der Boß das Haar ihm schnitt,
auch gleich der Kopf mitsamt dem Brägen mit.
Es paßt zu diesem Wackelkopf jedweder Hut,
ob er aus Filz ist oder Samt, verziert mit Spangen.
Man soll sich nicht bis auf den letzten Tropfen Blut
verschwenden, zum Danke langts nicht bei den Schlangen.
Die meine war sogar ein Nönnlein einst,
Rotwelsch sprach ihre Zunge links und rechts Latein.

Und wenn du staunst und meinst,
es dürfte wohl ein wenig übertrieben sein:
Sie hat sogar aus dem Ovid mir vorgelesen
und konnte fluchen wie ein Korporal …
Es gibt schon allerhand bei solchen Wesen,
auch wenn man glatt ist und sich windet wie ein Aal
und trillern kann wie eine Grille in den Hecken:
vor der Marlén muß selbst der Teufel sich verstecken.

Und schließlich wußte ich nicht mehr,
ob das, womit man denkt, im großen Zeh
anstatt im Schädel oben steckt. So leer
war ich, bis endlich die Idee
mich überfiel; sie lang und splitternackt zu legen.
Da war das Weiße wieder reines Weiß
und heißes Fleisch nicht mehr ein Brocken Eis.
Erst später wußte ich, weswegen.

So schuf die Liebe mir nur Lug und Trug
und dies Quartier hier hinter Mauern.
Man wird nur leider dann erst klug,
wenn durch das Blut die Frösche schauern
und was sich auf der Zunge regt, nur dazu taugt,
die Rosenkränze abzuleiern.
Ach, François, wie bist du leer und ausgelaugt,
du, einst der rüstigste von allen Freiern.

Nun sage ich ade all diesen Wanzen,
auf Catherine, Mira oder Jeanne getauft,
soll der Herr Satanas mit ihnen tanzen,
ich habe mich der Poesie dafür verkauft.
Der Schnepfenstrich soll mir gestohlen bleiben
und was man noch im Herzen hat … der Rest
wird wie ein Blatt hinüber in den Nebel treiben.
Ich steh bei meinem Wort und bleibe fest.

Und wenn ein Narr mich fragt: »Warum denn bloß
bist Du mit einem Male solch ein Trauerkloß?
Hats Dich gestochen, mußt Du noch viel tiefer stechen,
und war es eine Schöne aus dem »Helm«,
geschahs Dir wohl.« Ach, er hat recht, der Schelm,
ich muß auch mit der »Roten Lampe« brechen
und all den andren Affenställen,
die einem Manne meiner Art das Blut vergällen.

Man war sein Leben lang nur Knecht
bei diesem zwiegespaltenen Geschlecht
und muß sich jetzt die Lunge aus dem Leibe spucken
grad wie ein Wurm, den man getreten hat,
sich in die finstren Löcher ducken,
obwohl sich das Gewisse unterm Feigenblatt
in Wollust immer noch bewegt
und sich nur widerwillig legt.

Es muß in dieser Winterzeit sich alles legen
und klammert sich die Weide noch so sehr
an jenes letzte Blatt ... die Wirbelwinde fegen
die Bäume von der Wurzel bis zum Wipfel leer.
Mitleidig läßt der Frost noch ein paar Beeren leben,
auch wenn die Mispel nur ein Ding ist, das schmarotzt.
Und so wird mir auch hier und dort ein Brot gegeben,
von Hunden vorn und hinten angerotzt.

Vielleicht muß ich sogar noch Dankschön sagen
dem Herrn Profoß und seinem Eisenkram;
daß ich mir selber nicht das Leben nahm,
ich, Villon, an Leib und Seel zerschlagen,
so arg, daß mir das Heulen näher liegt,
als dieses notgedrungene Abschiedsschreiben.
Ach ja, man hat mich richtig klein gekriegt,
und will es Gott, dann wirds wohl auch so bleiben.

Auf alle Fälle habe ich mein Testament gemacht;
es wiegt nicht viel, was von mir übrig bleibt,
jedoch genug, daß ein Scribent sich daran reibt
und hinterher noch eine Schmähschrift schreibt.
Mein schönstes Stück (ich erbte es von ihr
und hab es nicht ins Gegenteil verbogen)
mein fröhliches Gemüt: das sei der Mutter zugewogen,
ihr nur allein gehört der Menschen Herzenszier.

Auch Catherine will trotz allem ich bedenken
und sie mit einem Souvenir beschenken,
sie soll in Gold gerahmt und unter Glas
mein Herz erhalten, das zwar nicht mehr schlägt
und schwarz und kalt ist, weil es Trauer trägt,
dennoch ein Herz ist und kein Kirmesspaß
aus Marzipan. Will sie es trotzdem fressen,
dann schenk ich ihr dazu zwei Vespermessen.

Dem Magister Noël Joliz, der zu jeder Frist bei ihr
mein Stellvertreter war, dem soll auf diesem Bogen hier,
von meiner eignen Hand geschrieben,
der »Nudeltopf« vermacht sein und der »Grüne Hahn«,
er hat zwar dort mit seiner Gier nie wohl-getan,
er wollte, ohne bar zu zahlen, alle lieben.
Als Hausherr jetzt wird er nicht knausern wollen,
zumal die Mädchen ihm das Bett mit Gold verzollen.

Den »Goldnen Helm« und auch die »Windige Laterne«
vermache ich dem Ritter Jean le Lou als Lohn
für eine Woche Rast mit meinem Weib in der Taverne,
allwo sie niederkam mit einem Sohn,
wir hatten beide nur noch Großes Geld
in all den Löchern unsrer Börse drin.
Er hat uns zwar der Polizei gestellt,
und so blüht ihm jetzt doppelter Gewinn.

Mir bleiben schließlich die drei Lilien nur,
sie stehn auf jener weiten Flur,
wo in das Maul uns die gebratnen Wachteln fliegen
und Christus seine Jünger speist.
Wer mehr will, muß sein Kreuz zur Erde biegen,
bis ihn das Mäuslein beißt.
Mich haben sie gebissen Tag und Nacht
und mit der Zeit zu diesem Wrack gemacht.

Aus Mitleid dann bedenke ich drei Waisenkinder,
sie liegen auf dem Strohsack nackt und bloß
und rundherum ein Ochs und zwei gescheckte Rinder;
das Viehzeug nicht, die Kinder zieh man groß
und gebe ihnen Schuh und Kleider,
damit sie nicht wie ich als Hungerleider
auf dämliche Gedanken kommen,
daß Bischofshüte nur den Narren frommen.

Item vermach ich meinem Leib-Barbier,
was er vom Haar mir einst herunterschnitt,
er drehe daraus Stricke, dreie oder vier
für die Verwandtschaft, manches hohe Tier
gehört dazu. Und was von all dem andern Kram
noch übrig bleibt, die Stiefel ohne Sohlen
und Hosen ohne Boden, soll der Händler Abraham,
der mir die Sachen lieh, sich aus dem Hafthaus holen.

Jetzt bin ich wohl am Ende angelangt,
vom Himmel eine rote Sonne scheint,
für diese Freundlichkeit sei sie bedankt,
und diese kleine Träne, die man weint,
gilt der Sorbonne, sie hat als Schüler mich gebucht
und gab mir immer eine drei in den Examen;
ich hab sie nie, sie aber mich verflucht
und mein Herr Oheim gar, der sagte dazu Ja und Amen.

Für diesen Oheim reicht mein Redefluß
schon lange nicht mehr,
und deshalb geht er wohl auch leer
als Erbe aus. Das ist der Weisheit letzter Schluß,
denn hier bei diesem armen Kerzenstumpf
wird alles trist und grau,
im Schädel die Gedanken bummern dumpf,
sie wieder aufzuhellen braucht man eine Frau.

Woher sie aber nehmen, seit sie fromm geworden ist
und von den Pfaffen die Propheten und Leviten
sich lesen läßt. Wie schnell doch so ein Weib vergißt
die jungen Füchse, die einst vor ihr knieten,
um einen Bissen Muschelfleisch zu kosten.
Wie bald hat sich die Schönheit abgenutzt,
auch wenn man sie mit Samt und Seide putzt.
Ach, nicht bloß Töpfe ohne Deckel rosten.

Jetzt decke ich mich zu mit meinem Schatten,
er lief bald vor mir her, bald hinterdrein
wie eine Schar von Wanderratten
des Nachts auf Straßen und bei Tage querfeldein.
Das hat am Ende mich so schlaff gemacht
und davon werde ich auch nie genesen.
Nun habe ich die Schrift noch einmal durchgelesen,
was noch zu sagen bleibt, heißt: Gute Nacht!

Gegeben zu Paris, der alten Lagerstatt,
wo man ihn kannte, diesen bunten Hund,
als stünde sein Gesicht auf einem Bibelblatt
mit einem Heilgenschein, nicht zackig sondern rund.
Dabei hat er auf seiner Birne oben
mehr Läuse meist als Haar besessen,
die sind für Kronen ganz gewiß kein Fressen,
so wird auf einem Brett man in das Aus geschoben.

Dorthin, wo nur die Nessel noch gedeiht,
die Hundskamille und der Fingerhut,
vielleicht sind dorten auch zur Zeit
die Würmer weniger toll nach meinem Blut,
als jene königlichen Bogenschützen,
die fließen lassen, was noch fließen kann.
Auch ich war beinah solch ein Kanaan
und das Geripp kann ihnen nichts mehr nützen.

Das grosse Testament
Auswahl und Variationen

Als mich das Blut durchkochte dreißig Jahr
und Tag und Nacht nur Gram und Schande war,
da bin ich auch kein großes Licht gewesen,
auch nie als Narr von einem König angestellt.
Mich haben harte Besen
vom Mutterleib hineingefegt in diese Welt.
Doch du, Herr Bischof, Hund, du kannst mich nit
verfluchen, weil ich bitter Strafen litt.

Ich bin noch lange nicht dein Sklave hier,
du Judas, bin auch nicht dein Schmeicheltier.
Vergessen wird dir nie die Kerkerzelle,
als draußen Sommer war mit Feuermohn und Wein
und viele Frauen bettelnd auf der Schwelle
zu meinem Herzen lagen. Ach, du Stein;
der Satan wird dir zahlen, wie du mich so hart
geschlagen hast und mich genarrt.

Auch Jesus, der so hell brennt wie ein Stern,
der schont gewiß nicht all die feinen Herrn,
die mir so manche Freude stahlen
bei Nacht und auch bei Tageslicht;
sie werden es im Feuerofen zahlen,
mit keinem Geld entgehn sie dem Gericht.
Darüber wird vielleicht noch mancher Winter schnein
und ich ein armer und gejagter Dichter sein.

Oft denk ich deiner auch, mein Kamerad;
daß vor mir du verdarbst, ach, das ist schad.
Ich träumte heut, du bist ein Stern geworden,
der erste, wenn die Sonne untergeht,
dort, wo sonst keine Sterne stehn im Norden.
Jetzt hast du Nacht für Nacht mein Stoßgebet;
und daß statt deiner ich dereinst im Kerker saß,
wie gut, daß ich es bald verschwitzte und vergaß.

Gepeinigt hast du mich gar manche Nacht,
du siehst, ich habe mich deshalb nicht umgebracht,
dein Mädchen war mir Beistand, wenns mich quälte,
und hat mit ihrem Fleisch mich gut genährt.
Ach, keiner in der Welt, den ich zum Bruder mir erwählte,
hat mir so reichlich Huld und Gunst gewährt.
Jetzt kommt ein guter Wind von Flandern her
und läßt mich Erde schmecken, Wald und Meer.

Auch Du, Maria, warst nicht schlecht zu mir,
mit Deinem Bild im Herzen schlief in mir das Tier.
Auch den Apostel Sankt Johannes kröne
mein Dankwort für so manchen Trost in großer Not.
Und dir, mein König, stolz im Kranz der Söhne,
erflehe ich den Sieg und Englands Tod;
es blüh dir Ruhm und Ehre für und für
und daß Sankt Petrus gnädig öffne dir die Himmelstür.

In dieser Welt, wo alles grau verweht,
dir, liebe Mutter, schnell noch ein Gebet.
Sei du der Baum, deß Blätter ewig dauern
und der uns immerblühend goldne Früchte schenkt.
Dir wird der Himmel nicht mit schwarzen Mauern
verrammelt sein, wenn der Herr Jesus deine Hände lenkt.
Du hast dich nie mit fremdem Gut gemein gemacht,
du hast gedarbt und an den Sohn gedacht.

Vielleicht erlöste dein Gebet mich aus dem Hungerloch.
Und nun nach bittrer Wochen Qual und Joch,
willst du, mein Herz, mir schnell den Abschied schreiben?
Ja, weil ich elend bin, zu nichts mehr gut,
muß ich wohl mit dem dunklen Wasser treiben
und durch mein Blut schwärt keine andre Glut:
Weil ich kein Geld mehr habe, auch kein Weib,
sing ich dies Winterlied nicht nur zum Zeitvertreib.

So lang ich Augen habe und noch einen Laut
und unter meinem Hintern noch ein Büschel Kraut,
will ich sie küssen, deine Sorgenhand,
die mich erhoben hat von Schanden allerhand.
Es kann mich nichts mehr schrecken,
ich seh nur dein Gesicht, nur deinen Mund,
ich darf in meinem Traum ihn schmecken
und schmecke mich vielleicht daran auch noch gesund.

Des ganzen Lebens schwarze Litanei,
vom Mutterleibe bis zum Todesschrei,
die langen Wanderungen durch die kalten
Gelächter aller Menschen und zuletzt
der Streich des Henkers, haben böse Falten
in mein Gesicht gemacht, mich so herumgehetzt
wie Wölfe, fort aus einem warmen Nest gejagt
und nie nach meinem Leid gefragt.

Mir hats die Augen müder noch gemacht,
als alle Schriften, die ich manche Nacht
gelesen habe in der Klosterzelle.
Und bin ich auch gewandert ohne Kreuz und Stab,
es sprang der Bach im Feld mit froher Welle
an mir vorüber und auch grüne Waldung gab
mir das Geleit zu allen Jahreszeiten
bis tief hinein in die wildfremden Weiten.

Nicht immer brauchen oben Sterne sein,
Gott kommt auch mit den schwarzen Wolken überein.
Er hat noch jedem seinen Sarg gegeben
und gab der Jugend einen hellen Mut.
Wie mancher führt im Mai ein Lasterleben
und der November nimmt ihn auf in eines Klosters Hut.
Dort fliegen Engel ein und aus
als wärs ein Tauben- oder Hurenhaus.

Und wünscht auch mancher jetzt schon meinen Tod;
es kommt zuletzt ein großes Morgenrot,
dort wird gezählt und abgewogen,
und wer mich quälte, wird die Prüfung nicht bestehn.
Um ihre Freuden sind die Herren jetzt betrogen,
sie werden dunkle Straßen gehn,
dort blühen keine Blumen mehr,
dort sind nur Steine kalt und leer.

Als Alexander noch ein Kaiser war,
wie schienen da die Sterne wunderbar
auf jeden Schelm herab und gaben ihm so frohen
Gewissensmut und rechtes Wort zur Zeit.
Wollt ihn ein blasser Henkertod bedrohen,
sah ihn der Kaiser an mit Gnädigkeit
und fragte mitten in dem Schlachtgebrumm:
»Bist du ein Räuber worden, ei, warum?«

Da sprach der Mann: »Warum beschimpfst du mich?
Bin ich nur darum Dieb vor dir, weil wenig ich
gestohlen habe? Wär mir deine Macht gegeben,
dann könnte ich auf Erden gerade so wie du
hoch über allem Volk als Herrscher leben.«
Da schloß der Kaiser schmerzlich seine Augen zu
und sprach: »Ich pflanz dich jetzt in bessre Erde ein
und will mit Fleiß und Lust dein Gärtner sein.«

Da gingen viele Jahre hin in Gnade und mit Glück
und nie fiel dieser Mann in sein gewesnes Tun zurück,
er hat mit reiner Herzenslust
des Kaisers gute Tat vergolten.
Wie oft hab ich mich schon ein Narr gescholten,
daß ich mir solchen Kaiser nit gewußt.
Ich weiß, ich bin sehr oft ein Stümper nur,
das Elend hält mich fest an seiner Nabelschnur.

So trieb ich mich herum auf schlechtem Pfad
und Böses wuchs herauf selbst aus der guten Tat,
ich habe nichts dabei errafft und nicht gespart,
bin arm geblieben und ein Lumpenhaufen.
Nun ist mein Haupt ganz grau und ausgehaart,
und dafür kann man keine Herzenslust sich kaufen.
Mir hält die Erde hin die Knochenhand
und Würmer graben mich hinunter in den Sand.

Wie war als junger Bursche ich so stolz
auf mein Gesicht, schoß überall Kobolz,
zuletzt hinauf auf einen weißen Leib,
der nährte mich mit süßen roten Beeren
und war der schönste Zeitvertreib
den Sommer lang. Das wird nie wiederkehren.
Dahin der Nachtigall Musik, der Maientanz,
was blieb, ist dieser Dornenkranz.

Es ist kein Feld und ist kein Strohsack mein,
die Sippschaft läßt mich nicht ins Haus hinein,
weil ich so räudig bin und in zerrissnen Schuhn.
Morsch sind im Maul die Zähne mir schon sehr
und weh will jeder Schritt mir tun.
O käm noch einmal nur die gute Fee daher;
mein Herz, es ginge wieder in dem raschen Schlag
und läge da bei einem weißen Reh im Rosenhag.

Ein Mannsbild, sorgendürr und hungerkrank,
das findet nirgends einen Kuß zum Dank,
ein andrer frißt, was mir zur Lust geboren
mit rotem Mund und blauem Augenstern.
Ich habe meinen Thron im Himmelbett verloren
an einen samt- und seidnen Herrn.
Der charmusiert mit meinem Herzgemahl
und macht den Bauch ihr dick, die Wangen schmal.

Ach, hätt ich nicht den Mai so schlecht vertan,
wär ich noch jetzt in manchem Korb der Hahn,
wer aber will mich armen Tor
jetzt noch ins Bett und Kinder von mir wissen?
Wer duldet diesen Kopf, den einst der Henker schor,
auf einem reinen weißen Seidenkissen.
Als ich die Schule schwänzte, da beganns
mit mir bergab zu gehn, wuchs mir der Satansschwanz.

Ich brauch mich nicht zu sorgen, daß von dem Wenigen mir
noch jemand etwas raubt. Nicht dort, nicht hier
ruht alles, was mein eigen war in Bitterjahren
und so, wie einstens den verlornen Söhnen schon,
kräht auf dem Mist ein Hahn mir nichts als Hohn,
und wenn er dreimal kräht den gleichen Ton,
dann muß ich in das Grubenloch hinunterfahren,
und oben blüht vielleicht ein Büschel Mohn.

Es ruht dort unten schon so mancher Kamerad,
der Treue mir versprach und hielt. O gute Tat!
Nur von den Frauen, keine hat es so gehalten.
Zum Abschied spein sie mir jetzt ins Gesicht
und möchten auch dazu noch fromm die Hände falten,
doch wenig wiegt vor Gott solch ein Gewicht
und wiegen sie ihm dennoch viel durch meine Schuld:
Ich habe Zeit und üb mich weiter in Geduld.

Ich war wohl nie ein zager Tränenwicht,
der, eh man schlägt, schon in die Knie bricht,
die Zeit hat mich mit einem dicken Fell belehnt,
das schwemmt von seiner Stelle fort kein Regen,
und wer in meinem Kopf nur Häcksel wähnt,
den kitzelt immer noch mein guter Degen,
er fragt nach keiner Quint und keiner Terz,
er nimmt sofort den Weg ins Herz.

So manche Herren sind groß geworden und so stolz,
sie geben niemand was von ihrem Brot und Holz,
in güldnen Wagen fahren sie mit weißen Pferden
und haben Mohren in der Dienerschaft sogar.
Sie haben schon ihr Himmelreich auf Erden
und werden auch nicht eingehn zu der Engelschar,
wenn mit Drommeten über Nacht die Stadt
zusammenkracht und niemand mehr hier seine Heimat hat.

Und mancher fuhr ins Kloster ein zur letzten Ruh
und gab sich aus, ging barfuß ohne Schuh.
Ich aber bin der ausgelachte Narr geblieben,
mein Leben starb wie Zunder weg und Stroh.
Vielleicht hab ich ein Lied wem aufgeschrieben,
und wars zu Dank ihm, bin ich leise froh.
Vielleicht denkt manche Jungfrau an Villon zurück,
der ich die Unschuld ließ, ich wünsch ihr weiter Glück.

Nur was ich leiden mußte, werde ich nicht los,
es will nicht mehr heruntergehn von meinem Schoß,
ich muß es wiegen wie ein Kind und muß es küssen
und zieh mir eine Schlange an dem Busen groß.
Einst wird es sich wohl doch verwandeln müssen
und mir dann in die Augen sehn: Wer bist du bloß,
daß du so lange mich geduldig trugst
und nicht mit allen vieren um dich schlugst.

Im Wald, da ruht ganz still ein tiefer See,
sind schön Gewürm darin und, wenn ich tiefer geh,
der muntren Fische grünlich goldne Farben.
Da wünsch ich mir schon lang die letzte Ruh,
da sollen sein gebettet meine Sorgen.
Ich steh schon lange mit dem Tod auf Du und Du,
ich brauch auf keinen Weiser mehr zu schaun,
ich suche mir, wills Gott, ein Loch im Heckenzaun.

Mich freut kein Haus, mich freut schon lange nichts,
mein Herz, wie eine Dornenkrone stichts.
Ich bin nie Gottes liebster Sohn gewesen,
ich ging dahin, wie mich die Laune gerade trieb,
mich hätten gern Zigeuner aufgelesen,
doch war ein Schoß, wo ich geborgen blieb.
Jetzt hat die liebe Frau ganz weißes Haar
und ist allhier schon sechzig Sorgenjahr.

Auch Laster sind von Gott gesandt und gut;
wohl dem, der sie bis zum bittren Ende tut.
Wer sie nicht kennt, der kann auch nicht von Sünden
erlöset werden durch des Herren Blut.
Woher ich kam, will ich auch münden.
Im Mutterschoß, da ist es, wo man schöner ruht
als in dem Freudenbett der Königin,
denn solche Nächte gehen oft wie ein Begräbnis hin.

Wer sterben muß, ach, der stirbt hin mit Weh
im Winterwald, beim Mond, im schwarzen Schnee.
Ist eine Schwester da mit Galle und mit Essigschwamm,
wird niemand dir den Platz wegnehmen,
und wo du liegst, da wird man in den Stamm
drei Kreuze schneiden und den Ort verfemen.
Zur Erde wird dein Fleischernes alsbald
und morgen schon die große Jagd darüber schallt.

An mir ist wirklich nichts verloren hier.
Doch du, du schönes weißes Schmeicheltier,
mir nachgesprungen, weil er dich verführte,
der arge Lump mit Federhut und Sarazenenschwert,
und nicht zum Eheweib vor Gott erkürte.
Du bist der Himmelfahrt schon wert
und auch des Paradieses höchsten Lohn;
vom Haupte der Marie die güldne Kron.

Dein Bild vor Augen, also schlaf ich ein.
Es wird nur eine kleine Reise sein,
dann werden mir die Augen überlaufen
vor all den Sternen, die mir Spielgefährten sind,
von Pfaffen nicht mehr billig einzukaufen
für ein Versteck im Kleiderspind.
Dann wirst du, sanftes Reh, allein nur mein
auch ohne Kranz und Schleier sein.

So hab ich nun die Augen leise umgedreht,
ein Rabe plärrt dazu das übliche Gebet,
daß ich nun rein von allen Sünden bin geworden
und also hebt ein leiser Wind mich auf;
ich fahre aus dem winterweißen Norden
und aus der Welt und ihrem Lauf
in eine immergrüne Einigkeit,
dort brauche ich kein Haus und auch kein Kleid.

Ich sage nicht, daß jedem solch ein Glücksgenuß
verliehen wird vom lieben Gott. Wie mancher muß
mit weniger Sünden sich bescheiden und mit Tran
und Weizenmehl sich das Gesicht beschmieren,
um weißer noch, als Flaum von einem Schwan,
den Ehrenstuhl im Gotteshaus zu zieren.
Dafür singt auch an seinem Sterbebett
ein Nonnen- oder Mönchsquartett.

Bei mir ists, wie gesagt, ein Rabenaas,
das singt nicht schön und diesmal nur zum Spaß;
denn mit dem Ende wars noch nicht ganz richtig,
ein Landsknecht hat mich wieder aufgejagt
und nahm mein Leid so wichtig,
daß er mich in das »Warme Nest« mitnahm,
und dort bangt keine Frau um ihre Scham.
Mit ihrem roten Mund hat sie mich auskuriert
und manches andere noch in meinen Schlund hineinfiltriert.

Wie viel ist nur für unsereinen schön und gut
und albern, wenn ein Greis sich damit wichtig tut.
Seht nur, wie er das schwarze Maul aufreißt,
wie seine kleinen Äuglein sich verdrehn,
wenn sich kein Mädchen mehr in seinen Fisch verbeißt,
und wäre sie vom Kopf bis zu den Zehn
ein abgegrastes Ackerstück …
selbst das wär für den Onkel noch zuviel an Glück.

Ich meine nämlich jetzt den Herrn Ronsard,
der ehedem von meinem Kral der Gutsbesitzer war,
für jeden, der mit einem freundlichen Besuch
uns ehrte, habe ich drei Groschen bluten müssen,
dabei hat es bei ihm gerochen wie in einem Poggenluch,
und oft verging so dem Besuch das Küssen,
dabei hat meine sich besonders viel
Pläsier erdacht für ihr berühmtes Flötenspiel.

Auch bei dem Herrn Ronsard versagte es total,
als er sich heimlich in die Kammer stahl,
um ein Geweih mir aufzusetzen. (Notabene:
fünf Frauen hatte er schon in das Grab gebracht,
und immer noch lag auf der straffen Bogensehne
ein krummer Pfeil bereit.) Der alte Bock
bekam sein Fett kaum noch hinein in sein brokatnen Rock.
Ich habe einen neuen ihm nach Maß vermacht.

Doch lassen wir das Thema jetzt,
sonst fühlt noch mancher alte Sünder sich verletzt
und hetzt den Staatsanwalt mir auf den Hals;
von wegen Unzucht, Völlerei und Afterkunst.
Ich habe nämlich keinen blauen Dunst
vom Paragraphenkram und kenne bestenfalls
den Henker, dem ich einmal nur mit knapper Not
entwischt bin, denn der Galgen ist kein schöner Tod.

Ich will mich lieber seitwärts, wenns geht auch splitternackt
noch einmal in ein rotes Mohnfeld legen.
Es ist so schön (der Fromme denkt: wie abgeschmackt!),
wenn rudelhaft die Wolken durch den Himmel fegen.
Mir schmeckt nun einmal dieser Zug
ins Tierbereich. Was drüber ist, das ist Betrug
an jenem Mark und Drüsensaft,
der uns das himmlischste Vergnügen schafft.

Ich bin wahrhaftig nicht das Menschenkind,
das immer stöhnt, wenn mal das Glück vorüberrinnt.
Ich denk, der Herrgott hat uns allesamt aus dem Morast
herausgefischt und seinem Bilde angepaßt.
Es liegt an euch, wenn ihr schon vor der Zeit verblüht.
Ich habe noch mit mir soviel Geduld
und stecke noch so tief in meiner Schuld,
daß mir der Schädel wie im Fieber glüht.

Es tröstet, wenn zumal die jungen Dinger mich
für jenes sagenhafte Einhorn halten,
das sie auf ihrem Freudenstrich
begehren, um mit ihm sich in das weiche Gras zu falten.
Ich habe manchmal selber nicht kapiert,
wie schnell mir oft die Augen übergingen,
und dann war es auch schon passiert.
Frag mich nicht was, man spricht nicht gern von solchen Dingen.

Mein Landesherr, der denkt in diesem Punkt zur Zeit
ein wenig ungenierter und er schreibt sein Leid
und auch die Lustgefühle mit dem Federkiel
ins Tagebuch. Tät François Villon dies auch,
dann wäre es wohl aus mit seinem faulen Bauch.
Denn gerade der, der ist die Hauptperson im Spiel
und deshalb singe ich zuguterletzt noch fix
ein schlichtes Lied, das jeden freut. Und weiter nix.

Wie es um Liebe rundherum beschaffen ist
und daß der Hunger sich nicht selber frißt,
das kann nach mir jetzt jeder Esel sagen,
und sicher lohnt es sich auch dann für ihn.
Der erste muß sich mühen einen Baum zu schlagen,
der nächste wählt den besten Splitter Kien
sich aus, ernährt sein Hirn mit diesem Licht,
woher ers nahm, ach, danach fragt die Mitwelt nicht.

Inzwischen sah ich mir das Beinhaus an,
dort, wo die Schädel reihenweise auf den Brettern
ins Leere glotzen. Keinem ist in goldnen Lettern
ein Titel beigefügt, ob Jüngling oder Mann,
in diesem Zustand sind sie alle gleich;
die einen waren Richter einst und Advokaten,
die einen Ziegelbrenner, die anderen Soldaten,
der eine hatte nichts, der andere, der war mehr als reich.

Ob Jägermeister oder Schinderknecht,
ob aus Findelhäusern oder fürstlichem Geschlecht;
die hohlen Köpfe sind nicht da zum Herzerfreuen.
Mir wirds ein wenig windig hinter meiner Stirn,
in welchem Sinn wir Menschen uns erneuen,
wenn nichts mehr da ist von dem bißchen Hirn.
Ich bin dafür: die Finsternis bleibt Finsternis
und obs im Himmel lichter ist, ist ungewiß.

Und wer da glaubt, daß all die Weibsen hier
(entkleidet der Behänge und der Spangen Zier)
sich dennoch von den Männern unterscheiden:
nichts wird in diesem Punkte offenbar.
Sie haben immerhin, ich will mich nicht dran weiden,
zurückgelassen, was allein ihr Eigen war,
um uns damit zu fischen.
Der Staub liegt hier gleich hoch auf allen Tischen.

Denn so allmählich kommt der Tag heran,
wo ich vielleicht in Ruhe nicht mehr kacken kann,
geschweige Verse dichten für den Hausgebrauch.
Vor meiner Türe hockt seit vielen Jahren schon
die Kinderschar herum und wartet auf den letzten Ton
aus dem bekannten Loch. Der Teufel wartet auch
darauf und hat sogar um Vorschuß nachgesucht.
Und als ich ihm nichts gab, hat mich der Wucherer verflucht.

Aus diesem Grunde will ich endlich reinen Tisch
mit meinem Oheim machen. Und was nicht mehr ganz frisch,
das kommt gleich auf den Mist.
Den Rest verschreibe ich zu einem Teil
der Nonne, die mit dreißig Jahren noch ganz heil
in ihrer reinen Jungfernschaft geblieben ist.
Und wieder einen Teil erhält der Henker für den Strick,
mit dem er selber sich erlöst von seinem Mißgeschick.

Ich will auch dieses Mal
mit einer netten runden Zahl
die Kirche »Unserer Lieben Frau« erfreun.
Dafür soll mir an jedem Allerseelentag
und in der Frühe, mit dem ersten Glockenschlag,
die jüngste Frau aus dem Kabuff »Zur goldnen Neun«
die gleiche Zahl von Lilien auf den Grabstein legen
und ihr Gebiß mit einem Lied von mir bewegen.

Was sonst noch übrig bleibt von meinem Hab und Gut,
das soll man einem Bettler in den Hut
hineintun. Doch wenn dieser Tropf
vielleicht gar Dankschön sagt
und nach dem »edlen Spender« fragt …
dann hau ihm mit dem Brett eins auf den Kopf.
Der Pfaff fragt auch nicht lang: woher?
Er sieht nur nach, ob es von Gold ist und wie schwer.

Ich hätte mancherlei auf meinem Herzen noch.
Doch, wenn man so behindert ist wie hier im Loch,
dann denkt man mehr, ob man sich wirklich streckt
und nicht die Zunge bloß in einen grünen Himmel bleckt.
Auch hab ich Sorge, daß mir aus dem Hosenbein
was Nasses läuft. Das darf um keinen Preis
mein Abschied sein, sonst weiß es morgen und brühheiß
der Nekrolog und schreibts in die Geschichte ein.

Auch wegen solcher Todesart an sich,
bin ich mir noch nicht klar, ob ich
nicht bei dem fürstlichen Gericht noch protestieren soll.
Es zeugt wahrhaftig nicht von viel Respekt,
wenn man Villon, den Dichter, so verdreckt
dem Herrn zurückgibt. Doch die Welt ist voll
von Unkultur. Drum will ich auch nicht mehr
den Kopf mir kratzen für dies Hammelheer.

Ich habe ihn mir ratzekahl gekratzt,
als Dichter mehr, als auf den breiten Stufen
zur irdischen Glückseligkeit der Freuden-Nacht.
Dorthin hat man mich auch nicht gleich gerufen,
denn welches Kätzchen kauft den Kater sich im Sack?
Als Dichter aber mußte ich mich selber üben,
denn was vorher hier war, auch bei den Römern drüben,
das paßte nicht für meinen Schabernack.

»Wie dem auch sei, sagt in der ›Rose‹ ein Poet:
Ans Ziel gelangt nur, wer alleine seiner Wege geht.«
Den andren Weg, ihr wißt, ist Villon nie gegangen.
In diesem Fall hätt auch das peinliche Gericht
mich nicht als dritten Mann der Kumpanei gehangen.
Doch eingebrannt bleibt es mir stehen im Gesicht,
solang noch warm sind meine Atemzüge,
daß ich mich nicht damit begnüge,

wie all die anderen in jenem großen Haufen,
als Schaf gleich Schaf in Frieden mitzulaufen.
Und habe ich auch keine Beißer mehr
in meinem Maul, ich muß sie dennoch zeigen
jedwedem, der aus Gott weiß welchem Winkel her
mir ein Abschieds-Amen möchte geigen.
Die Tränen hat der Wind mir weggefegt,
den Dornenkranz das Schicksal mir aufs Haupt gelegt.

Er war mein Eigen, keinem fortgestohlen,
denn zweimal kann sich solch ein Mißgeschick
bei weiteren Zeitgenossen nicht mehr wiederholen,
auch nicht in eines Traumes Augenblick.
Mir träumte nie ein anderer als ich zu sein,
und fuhren auch die Huren so dazwischen,
als ginge ich zu weißen Fürstenkindern ein …
am Morgen wars vorbei mit dem Im-Trüben-Fischen.

Ich sause ab, ich sage gern ade.
Bald trage ich ein Kleid, so weiß wie Schnee.
Es braucht nicht grad der Himmel sein,
wo man mir eine kleine Kammer gibt.
Ich habe einmal die Kathrein geliebt,
man weiß wie sehr. Sie mag mich wieder freien
und gehts in ihrem Kral wie damals zu,
dann, liebe Seele, hast du endlich Ruh.

Eine Ballade, mit der Meister Villon seine Mitmenschen um Verzeihung bittet

Die frommen Männer in Kamelhaar-Röcken,
die Jungfraun in der gleichen Tracht
und von den älteren Ziegenböcken
diejenigen, die eine Liebesnacht
mit Anstand nicht mehr überstehn,
weil sie zu aufgeschwemmt schon sind vom Wein
und deshalb auch dreibeinig sich durchs Leben drehn:
Sie mögen mir das Lästermaul verzeihn.

Auch jene Mädchen, die noch immer nach mir zielen
mit dem Gebiß in einem nimmersatten Mund,
als könne ich, vom Wind so kahlgeschorener Hund,
noch immer auf der Flöte jeder Lust zum Tanz aufspielen,
damit in dieser Welt, der trüben,
die Kinder sich schon üben,
den ungereimten Vers zu singen,
wovon den Leuten oft die Augen übergingen.
Sie mögen mir mein Mißgeschick verzeihn.

Nur der Herr Bürgermeister nicht,
der geh drei Schritte mir aus dem Gesicht,
der hat mich um den letzten Bissen Brot
beschubst und, was mich freute, in sein Haus genommen.
Der soll mir bloß nit in die Quere kommen,
mit seinen Bäcklein rund und rot.
Daß hier im Loch nicht er, doch ich muß sein,
das mög er mir verzeihn.

Auch diese Herren vom Gericht, die mag ich nicht,
da sitzen sie mit einem steinernen Gesicht
auf ihrem Paragraphenthron
und brennen jedem, der nicht blecht,
ein Schandmal auf die Stirn. Sie werden ihren Lohn
bald kriegen für das hin- und hergebogne Recht.
Daß ich bei dieser Jagd der Hauptmann werde sein,
das werden sie mir wohl verzeihn.

Zum Schluß noch dieses Anhängsel:

Man schlage diesem Lumpenpack
das Maul mit einem Hammer kurz und klein.
Was übrig bleibt, das wäscht der Regen mir vom Frack.
Ich bin Villon! Das braucht mir niemand zu verzeihn.

Eine Ballade, mit welcher Villon das Testament abschliesst

Hier endlich schließt des Dichters Testament,
und so, wie er von dieser Welt sich trennt,
trennt euch von ihm mit einem Gottseidank,
den sind wir los, der nächste bitte,
damit das Dutzend wieder voll wird auf der Bank
nach der von altersher geübten Sitte.
Im Leben wie im Sterben einerlei:
Um einen Nichtsnutz macht man kein Geschrei.

Man weiß, daß er sein Garn nicht immer fein,
oft Knoten mit hineingesponnen hat,
und deshalb nahm er auch kein Blatt
vors Maul, was ihm ein Mucker nie
verzeihen wird; drum nahm ihn die Marie
auch nicht mehr auf an Kindesstatt.
Im Leben wie im Sterben einerlei:
Um einen Nichtsnutz macht man kein Geschrei.

Und daß er auch die Liebe nur so nahm,
wie sie zur Lust geschaffen ist,
und oft genug ihn Ekel überkam,
wie immer, wenn der Mensch sich überfrißt;
der Dichter hat manch Lied davon gesungen.
Nun zwitschern neue Lieder auf dem Dach die Jungen.
Im Leben wie im Sterben, einerlei:
Um einen Nichtsnutz macht man kein Geschrei.

Zuletzt, verehrter Fürst, will ich noch beichten:
Dein guter Rotwein ließ den Abschiedshauch
mir leichter werden, und die Hände kennst du auch,
die schlanken, weißen, die den Trunk mir reichten,
drum laß auch deine Wut nicht an der Kleinen aus,
sie war bei mir und war bei dir zuhaus.
Dir wird die Freude noch ein Weilchen bleiben,
ich aber muß alleine weitertreiben.
    Im Leben wie im Sterben, einerlei:
    Um einen Nichtsnutz macht man kein Geschrei.

Notwendige Nachschrift, mein Begräbnis betreffend

Da ich nun doch zur Erde wieder faulen muß,
aus der ich einmal grün nach oben schoß;
so möchte ich in Saint-Avayl begraben sein.
Ich habe dieses Nest vor Jahren schon
mir auserwählt. Es ruht dort auch mein Sohn
Armand, der leider nur mit einem Bein
zur Welt kam und am vierten Tage sich vom Herrn
versetzen ließ auf einen andren Stern.

In dem besagten Dörfchen also soll man mir
die Grube machen, wenn ich hier krepier.
Und wenn es möglich ist, soll einen Pflaumenbaum
man mir zu Füßen pflanzen. Bloß keinen Block
aus Marmor auf den Schädel tun … mein Rock
ist viel zu sauber für den Schaum
der sogenannten Ehre. Außerdem
wärs auch zu schade für den schönen Lehm.

Auf einem grauen, nicht zu kleinen Stein
vom Feld gleich nebenan, soll kurz und klar geschrieben sein,
wer unten fault und was er so im Leben war.
Nur nicht mit goldnen Lettern, nein, nehmt Teer
und schreibts mit einem Besenstiel daher.
Dann wird vielleicht im Jahr
Zweitausend des Herrn Jesu Christ,
die Welt noch wissen, wer Villon gewesen ist.

Schreibt einfach so: Hier ruht in seinem eigenen Dreck,
in seinem letzten heimlichsten Versteck,
ein armer Teufel, ein Vagant:
François Villon genannt.

Er hatte nie ein eigen Dach
sein Lebtag überm Kopf gehabt.
Er schritt dahin, zerbeult und abgeschabt,
den Fürsten zum Gespött, den Pfaffen zum Verlach.
Er gab den Armen hin, was er besaß,
und gibt sich jetzt den Maden noch zum Fraß.

Anweisung, welches Gebet ihr an meinem Grabe zu sprechen habt

Geht bitte nicht vorüber hier an diesem Ort
und legt bei euren Heiligen ein gutes Wort
für meine müde Seele ein.
Ich wills euch vorkaun, was ihr beten müßt,
nachdem ihr euch bekreuzigt habt und Gott die Hand geküßt.
Nur müßt ihr euch vom Schein
der Kerzen nicht verwirren lassen
und einer Frau womöglich in den Rockschlitz fassen.

»O Herr, gib diesem armen Luder hier
den Frieden, den er bei dem wilden Tier,
gemeinhin Mensch genannt,
nicht fand. Er war der Erde ärmster Knecht,
es ging ihm schlimmer noch als schlecht,
man hat ihn angespien und Schande in sein Fleisch gebrannt.
Er hatte nur den Wind zeitlebens im Gesicht,
o Herr, nun schenk ihm Licht von Deinem Licht.«
Was sonst von ihm noch übrig bleibt,
bringt höchstens einen Nesselstrauch in Schwung.
Und wer auf meinen Spuren weitertreibt,
begriff nur den Geruch vom Dung.

Die gesammelten späteren Lieder und Balladen

Rondell

Aus harter Haft bin ich zurückgekehrt,
es ging der Strick mir beinah an den Kragen,
von Glück kann man in diesem Fall nicht sagen,
ein Zufall hat den Zugriff abgewehrt.
Doch besser wärs, man hätt zum Ritter mich geschlagen
und eine goldene Kette mir verehrt.

So bin ich wieder einmal ausgeschert
wie eine lahme Zicke aus dem Wagen
und muß mich vorn und hinten sauber tragen,
damit das Eisen mich nicht doch verzehrt.
Erst wenn man selig ist, gibts keine Klagen,
weil aus dem Himmel niemand geht und wiederkehrt.

»Du Himmelskönigin, im Gold und Blau der Ewigkeit,
Du Schmerzensweib und Leid von meinem Leid,
nimm meine Stimme gnädig auf zu Dir!
Ich bin ja nur ein armes Waisenweib,
krümme mich noch tiefer in den Staub als Wurm und Tier,
ich habe solche Angst in Dein Gesicht hineinzusehn
und kann doch ohne Dich nicht einen Schritt weit gehn.

Empfiehl Du mich der Gnade Deines Sohnes, tu ihm kund,
daß meine Knie vom Beten schon ganz wund
geworden sind. Ich will die eingeborne Schuld
mit meinem letzten Seufzer büßen, wenn er mir vergibt,
wie seinen Feinden er verziehn und den Verräter noch geliebt
und aufgehoben hat in Mitleid und Geduld.
O, Mutter unser, laß mich nicht so lang im Dunkel stehn,
ich kann ja ohne Dich nicht einen Schritt weit gehn.

Bin eine alt und grau gewordne Frau
und trinke Tag und Nacht den Tränentau
der Einsamkeit. Bin keinem mehr was wert
und keiner kommt und hebt mich aus dem Elend auf.
Du aber stehst so strahlend da im Lauf
der ewigen Gestirne … und das Schmerzensschwert
in Deiner Brust ist lauter Licht. O falt es in mein Flehn
und laß mich nicht noch weiter elend gehn.«

Oft tönt in meinem Witwenkral
Gesang der Nonnen und der Brüder Buß-Choral.
Im Kloster, ja, da ist das Paradies so nah
und auch der Hölle Feuer angefacht.
Das eine macht mich froh in kalter Winternacht,
das andere, mit Blitz und Donnerton geschah
schon tausendmal in mir. Ich aber will noch höher wehn,
will jeden Schritt nur mit Marias Segen gehn.

Die Ballade von den allgemeinen Redensarten

Ein Fisch, der oben schwimmt, riecht nicht mehr frisch,
und ist das Weib im Bett kein Marmelstein,
(von Kuckuckseiern weiß kein Nest sich rein)
wird auch der Mann zufrieden sein am Tisch.
Die gute Zeit vergißt man in der schlechten,
ein Baum, der Gummi schwitzt, ist wurzelkrank,
in jedem Haufen gibt es nicht »Die drei Gerechten«,
und auch die Spötter sitzen oft nicht auf der gleichen Bank.
　Ich kenne alles, bis auf Punkt und Strich,
　ich kenn nur einen nicht, und der bin ich.

An einer Hose seh ich, wo ihr Träger war,
und in die Kutte paßt ein Pfaffe nur hinein,
ob sie noch Jungfrau ist, wird erst nachdem uns offenbar,
und wie der Diener, also muß der Herr beschaffen sein.
Nicht hinter jedem Schleier waltet Frömmigkeit,
und wer vom Henker schwätzt, fühlt auch das Eisen schon.
Oft kommen Hurensöhne ganz legal zum Thron,
und wer die Mutter freit, dem klagt die Tochter bald ihr Leid.
　Ich kenne alles, bis auf Punkt und Strich,
　ich kenn nur einen nicht, und der bin ich.

Nicht Dornen immer, auch die Rosen stechen,
viereckig kann der Wagen sein, doch nie ein Rad,
der Schleicher wird mit Gott noch leiser sprechen,
die Flügel hat der Wind und nicht das Blatt.
Ich kenn den Geizhals schon am Gang,
er macht nur kleine, vorsichtige Schritte,
Verschwender leben überall im Überschwang,
und wer betrunken ist, kennt keine Mitte.
  Ich kenne alles, bis auf Punkt und Strich,
  ich kenn nur einen nicht, und der bin ich.

Die Ballade von einem Zapfer in der Traube

Der Traubensaft in diesem Jahr war ein besonderer Saft,
er ließ sich kaum noch halten in den Dauben,
er wollte raus aus der Gefangenschaft,
und daran mußten bald zwei arme Schelme glauben,
nachdem auch die Macée von Orléans begriff,
daß uns noch manches fehlte, um gut aufzuräumen,
sie knüpfte sich das Mieder auf und dieser Pfiff
ließ alle Becher überschäumen.

Sie soff mit meinem Bruder Michault d'Oue,
dem Turlupin und Letzten dieser Sippe,
was sie noch sonst an Lämmern schor, das ging auf Kippe
bis auf den letzten halben Kupfer-Sous.
Der Traubensaft verdoppelte die Kräfte
der Kundschaft, selten war der Bums so voll,
und also klirrte hinterm Vorhang auch der Zoll
für die verschwiegenen, die Zwischenakt-Geschäfte.

Zuletzt hat sie es gar auf mich noch abgesehn,
für den Michault die Augen aufzuhalten,
denn dieser dürre Besen konnte nicht mehr aufrecht stehn,
geschweige in das Ringelspiel sich einzuschalten.
Sie sagte so um Glocke vier zu mir:
»Jetzt habe ich es satt mit den Doublonen,
man muß sich für die letzte Freude schonen,
das ist so gang und gäbe hier,
wir zwei allein noch rüstige Gestalten,
wir werden endlich Kehraus halten.«

Man soll die Nacht nicht vor dem Morgen loben,
denn dieser Traubensaft in unserem Blut,
begriff nicht mehr, was unten ist, was oben,
dann nahm der Schlaf den Rest in seine Hut.
Halb lag Macée bei mir und halb bei Michault d'Oue,
der eine hatte Fleisch im Maul, der andre Haar,
das schnürte ihm zuletzt die Kehle zu.
Die Jungfer aber schwur, daß ich es war.

Ach vor Gericht da wiegt ein Weiberschwur
soviel wie eine abgelaufene Uhr;
da war es aus mit mir als Zapfer in der »Traube«.
Doch nicht mit der Macée, das falsche Luder blieb
bis an ihr Ende dort die muntre Turteltaube
und sagte nicht einmal zu mir: Ich irrte mich, vergib!
So wurde ich kuriert von diesem Traubensaft,
der Lust verspricht und Kerkerhaft verschafft.

Die Ballade vom kleinen Florestan

Wenn heute nacht im Apfelbaum
die Nachtigall ihr Silber spinnt,
dann wirst du von dem langen Wintertraum
genesen sein, mein Kind.

Dann werden sie dir einen Helm
einen goldenen setzen auf das Haupt,
den hab ich einem frechen Schelm
mitsamt der Frau geraubt.

Wir haben uns nur leise angesehn,
das kleine weiße Tier und ich,
und niemand sah uns in den Garten gehn,
sie dachten wohl noch nicht an dich.

Ich aber habe manche Nacht von dir
geträumt in meinem Aschenkrug
und war nicht dort und war nicht hier,
wenn jemand nach mir frug.

Ich sollte aber einen schönen Reim
erfinden, für den Tag, wenn du erscheinst.
Ich ging nicht ein auf diesen Leim,
damit du nicht gleich Blut und Wasser weinst.

Ich sing dir lieber dieses Winterstück
und schick es deiner Mutter hin,
vielleicht denkt sie an unser Glück zurück
und weiß, von wem ich Vater bin.

Und zeigt dir auch das Muttermal,
die Spur von meinem letzten Biß,
und wenns den König fuchst, ists auch egal,
schickt er mich in die letzte Finsternis.

Wenn dir nur bloß das rote Haar
und auch mein tolles Lachen bleibt.
Was sonst an mir noch gut und böse war,
stirbt wie das Blatt, das welk im Wasser treibt.

Vierzeiler, den Herr Villon seiner kleinen Margot schrieb

Daß ich mit vielerlei Figuren deinen Leib
beschrieben habe, war mein schönster Zeitvertreib,
was mir noch sonst herausfiel aus dem bröckligen Gebiß,
das wiegt kaum einen Vogelschiß.

Die Jammerballade von einer alten Klempnersfrau

Nun spitzt mal eure Ohren und hört zu,
was eine alte Frau euch zu erzählen hat,
bevor sie wie ein abgewelktes Blatt
dort unten fault, wo jeder seine Ruh
und seinen Frieden finden wird, wenn er
nicht mehr die Beine heben kann.
Es sind schon mehr als hundert Jahre her,
daß ich geschlafen hab bei einem Mann.

Die kleine weiße Hexe da, das junge Ding,
ist schuld daran, daß ich so runzlig bin.
Denn ehe ich dies Lustgeschenk empfing,
da war mein Haar noch nicht so grau, mein Kinn
noch nicht so spitz. Auf meine weiße Haut
fiel jeder Mann herein. Ich war nicht faul
mit meiner Gunst. Ich ritt auf manchem Gaul,
der lief zum ersten Mal mit einer Braut.

Und habe manchem auch mein Hinterteil
gezeigt, den ich nicht leiden konnte, weil
er mir nicht reich genug erschien und stark.
Und bin doch reingefallen auf ein Aas,
das außer seinem Bart nur einen Quark
besaß und mir vom Brot die Butter fraß.
Ich werde heute noch ganz rot vor Scham,
daß er mich nur der Gelder wegen nahm.

Wie hat er mich herumgeboxt und schikaniert
und jede Tollheit mit mir ausprobiert.
Gerochen hat er wie im Pferdestall
ein Haufen Mist. Und wenn ich ihm den Mund
vor Ekel und in meiner Wut, ganz wund
gebissen habe, warf der grobe Hund
mich an die Wand wie einen Ball.
Jetzt hab ich selber kaum ein Brot, mich satt zu essen,
das werd ich ihm mein Lebtag nicht vergessen.

Er ist schon über dreißig Jahre tot
und ließ mich hier zurück in meiner Not,
mit meiner welken Haut, im grauen Haar.
Wenn ich im Spiegel manchmal mein Gesicht
betrachte, denk ich oft: Das bist du nicht!
Und doch ist dies Gesicht so sonnenklar
mein Ebenbild … Ich könnte mich zerreißen
und den verfluchten Spiegel kurz und klein zerschmeißen.

Von meiner Schönheit ist nicht eine Spur
mehr da, von meinen Brauen, wie der Sichelmond
so schön gewölbt, und von der Perlenschnur
der Zähne, von den Augen, glutbewohnt,
von meinen Lippen, feucht und feuerrot
wie die Korallen, die das Meer umspült,
von meinem Haar, das sich noch weicher fühlt
wie Seidenzeug aus dem Chinesenland.

Von meiner Schultern hellem Elfenbein,
von meinem Hals, wie Schwanenflaum so weiß,
und dann die kleinen Brüste, mein
verliebtes Apfelpaar, so glühendheiß,
daß jeder Feuer fing, wenn er sie sah.
Dazu die schlanken Hüften und der Bauch
mit seiner kleinen Muschel da
im schwarzen Rosenstrauch?

… dahingewelkt wie ein Kartoffelfeld,
verrunzelt Stirn und Doppelkinn,
von Blatternarben bös entstellt
bis zu den abgegriffenen Brüsten hin.
Die hängen auf dem Lumpensack,
auf meinem grauen Bauch herum.
Ach Gott, wie hat das Männerpack
mich stumpf gemacht und wurzelkrumm.

Da kraucht man wie ein Wurm daher,
als wär der Buckel hundert Zentner schwer.
Und hockt am Ofen, starrt ins Feuerloch
und denkt an all das Böse auf der Welt,
daß uns nun aus dem schweren Joch,
von diesen Hungertänzen um das bißchen Geld,
der Herr erlösen möchte … Ja!
Wir armen Fraun wozu sind wir noch da?

Eine kleine Ballade von dem Mäuslein, das in Villons Zelle Junge bekam

Es schwamm der Mond in mein Gemach hinein,
weil er da draußen so allein
bei den entlaubten Bäumen stand.
Ich habe ihm ein Kissen hingerückt,
damit er ruhen konnte, und er tats beglückt
sich untern Kopf. Ich legte ihm die Hand
schnell auf die Augen, und da schlief er auch.
Mich aber plagte schlechte Luft im Bauch.

Sie plagte mich, bis eine Uhr schon zwölfe schlug.
Da hatte ich verdammt genug
und ließ sie ab, die Luft. Davon ist zwar
der Mond nicht aufgewacht, doch in dem Fenstereck
die Mäusefrau. Sie hat im ersten Schreck
geboren, was noch gar nicht gar nicht fällig war.
Die kleinen rosa Schnauzen piepsten da so nett,
daß ich sie zu mir nahm ins warme Bett.

Mein Gott, die lütten Dinger, noch ganz nackt
und blind: Wie hat das Elend mich gepackt!
Ich glaub, daß mir was Nasses in die Augen kam.
Dabei hat manches Mädchen schon von mir
ein Kind gekriegt und starb vor Scham.
Die armen Würmer aber kuschten sich
in meine Hand, als wäre ich ihr Vater Mäuserich.

Zuletzt war auch die Mäusefrau so zahm
geworden, daß sie schwänzelnd zu mir kam.
Die schwarzen Augen glänzten froh und groß
in mein Gesicht hinein.
Und plötzlich war ich auch so mäuseklein
wie dieses Tier und nahm es in den Schoß.
Ich habe wohl die ganze Nacht mit ihr verbracht
und an kein andres Weib dabei gedacht.

Nachgedanken:

Im milden Licht der Winternacht
hab ich mich zu den Mäusen aufgemacht.
Du aber fragst, warum denn nur?
Hör zu, es ist kein Tier so klein,
das nicht von dir ein Bruder könnte sein.

Die Ballade von der treulosen Cylaea

Es ist ein Trost, daß noch der Himmel grün und bleich
im Wasser liegt und Bäume um den Teich
so dicht herumgebogen sind.
Man zieht sich aus und schmeißt das müde Fleisch
den Fischen hin und oben stolpert das Gekreisch
der Krähen durch den Wind.
Cylaea hatte eine Höllenangst vor jedem Tier,
sie war mein schönstes, und ihr Herz, das fand ich hier.

Ich fand es hier an einem Sommertag,
der auf dem Wasser müde und verbummelt lag.
Die Luft erbrach sich fast vor Fruchtbarkeit,
und unsereins hat Gott wer weiß wie lang nicht mehr
sich in ein Weiberfell hineingewühlt.
Cylaea sang, vom Fliederwind umkühlt,
ihr schönstes Lied, bis schwarz wie Teer
die Nacht herunterfiel; da fror sie ohne Kleid.

Ich hieb drei Zweige ab vom Fliederstrauch
und legte sie ihr auf den Bauch,
sie war erst vierzehn und ein viertel Jahr
und schon wie eine Alte aufgetan,
sie hatte bis zum Nabel oben schwarzes Haar
und tief versteckt die Muschel für den Mann.
Egal, was ihr von mir und von Cylaea denkt.
sie hat mir nicht nur eine Nacht geschenkt,

Zuletzt hat mich das Luder doch genarrt.
Ach, ohne ihren Mund, wie ist das Gras so hart!
Und auch das Wasser ist kein Weiberschoß.
Wenn sich der dunstigbleiche Teich
mit einer Mondfrau paart … vielleicht
wird dann mein Herz die grünen Seufzer los
und singt der Liebe bald ein neues Lied,
das wie ein Netz die Muscheln aus der Tiefe zieht.

Nachsatz:

Im Sommer soll man sich vom Wind
weit durch die Wälder treiben lassen;
es ist nicht gut, bei einer Jungfrau Fuß zu fassen,
ihr Herz ist wie der Schnee, der auf der Haut zerrinnt.

Die Ballade von der schönen Stadt Morah

Und als ich in die schöne Stadt reinfuhr,
weil sie so lang und breit am Wasser liegt,
da tat ich gleich bei meinem Bart den Schwur,
daß mich kein Hund aus dieser Stadt rauskriegt.
Ach, sagte ich zu ihr:
ich bleibe ewig dein Geliebter hier.

Da lagen auch soviel Soldaten drin
und gingen Arm in Arm mit mancher Frau.
Ich aber sprang wohl zu dem Wasser hin
und nahm mir eine Wolke weiß und blau.
Ach, sagte ich zu ihr:
du bist mein allerschönstes Schmeicheltier.

Da kam auch eine kleine Fischerin
in einem weißen Segelschiff heran
und fragte, ob ich der Villon wohl sei,
der François, und nicht ein irgendwelcher Mann.
Da sagte ich zu ihr:
Nun nimm ihn schon den Schnabel und probier.

Es schien der wunderblaue Sommerbaum
noch lang herab auf unser Nest im Kraut,
und schließlich wollte sie, daß dieser Traum
nur ihr gehört und keiner andren Braut.
Da sagte ich zu ihr:
Was ewig dauert, macht mir kein Pläsier.

Und als ich wieder aus der Stadt rausfuhr,
nach mir, da gingen die Soldaten auch
und schossen auf der schönen Sommerflur
sich lauter rote Löcher in den Bauch.
Ach, sagte ich zu mir:
wie wär es, wenn ich jetzt zurückmarschier?

Da stand die schöne Stadt schon lang nicht mehr
am Wasser um die blaue Pflaumenzeit;
da lagen nur noch Steine kreuz und quer
und eine Krähe schrie vom Baum ihr Winterleid.
Ach, sagte ich zu ihr:
wir bleiben ewig nur zwei Waisenkinder hier.

Die Sommerballade von der armen Louise

Louise stand am Herd den langen Tag
und ihr Gesicht war schon ganz schwarz vom Rauch.
Und wenn sie nachts auf ihrem Strohsack lag,
da war sie müd und ausgehungert auch.
Sie war nur armer Leute Waisenkind
und wollte lieber sein ein Baum im Sommerwind.

Und als ein Herr sie stehen sah am Herd,
so schwarz vom Rauch verwandelt das Gesicht,
war sie ihm trotzdem die Dukaten wert
für eine Nacht. Sie aber mochte nicht,
sie war nur armer Leute Waisenkind
und wollte lieber sein ein Baum im Sommerwind.

Da sagte ihr der Herr: Daß sie ihm bald
sein Weib möcht sein und ganz in Seiden gehn,
auch habe er ein schönes Schloß im Wald,
dort würde sie nie wieder von ihm gehn.
Sie war nur armer Leute Waisenkind
und blühte wie ein Baum im Sommerwind.

Und jetzt verstand sie auch,
warum nicht Brot allein
sattmachen kann den Bauch,
es muß auch Liebe sein.
Sie war nur armer Leute Waisenkind
und wollte, daß er bliebe, dieser Sommerwind.

Der Sommerwind ging hin mit Kriegsgeschrei
und färbte in der Nacht den Himmel rot.
Und in der Schlacht war auch ihr Mann dabei,
sie wußte nicht wohin mit ihrer Not.
Sie war nur armer Leute Waisenkind
und wollte wieder sein ein Baum im Sommerwind.

Im Feld lag mancher Reiter schon verweht
wie Blätter vom vergangnen Jahr.
In ihrem Herzen drin war kein Gebet,
nur wie der Schnee so weiß war jetzt ihr Haar.
Sie war nur armer Leute Waisenkind
und hatte nur den einen Gott, den Sommerwind.

Und als ihr Leib so welk war wie ein Baum
im Herbst, da ging sie in den Fluß
und machte mit dem alten Sommertraum
und ihrer grauen Armut endlich Schluß.
Sie war nur armer Leute Waisenkind
und wollte nie mehr sein ein Baum im Sommerwind.

Eine kleine Liebesballade, gedichtet für Jeanne C. de Quée

Im Sommer war das Gras so tief,
daß jeder Wind daran vorüberlief.
Ich habe da dein Blut gespürt
und wie es heiß zu mir herüberrann.
Du hast nur meine Stirn berührt,
da schmolz er auch schon hin, der harte Mann,
weils solche Liebe nicht tagtäglich gibt …
Ich hab mich in dein rotes Haar verliebt.

Im Feld den ganzen Sommer war
der Mond so rot nicht wie dein Haar.
Jetzt wird es abgemäht, das Gras,
die bunten Blumen welken auch dahin.
Und wenn der rote Mond so blaß
geworden ist, dann hat es keinen Sinn,
daß es noch weiße Wolken gibt …
Ich hab mich in dein rotes Haar verliebt.

Du sagst, daß es bald Kinder gibt,
wenn man sich in dein rotes Haar verliebt,
so rot wie Mohn, so weiß wie Schnee.
Im Herbst, mein Lieb, da kehren viele Kinder ein,
warum solls auch bei uns nicht sein?
Du bleibst im Winter auch mein rotes Reh
und wenn es hundert schönere gibt …
Ich hab mich in dein rotes Haar verliebt.

Eine verliebte Ballade für ein Mädchen namens Yssabeau

Ich bin so wild nach deinem Erdbeermund,
ich schrie mir schon die Lungen wund
nach deinem weißen Leib, du Weib.
Im Klee, da hat der Mai ein Bett gemacht,
da blüht ein schöner Zeitvertreib
mit deinem Leib die lange Nacht.
Da will ich sein im tiefen Tal
dein Nachtgebet und auch dein Sterngemahl.

Im tiefen Erdbeertal, im schwarzen Haar,
da schlief ich manches Sommerjahr
bei dir und schlief doch nie zuviel.
Ich habe jetzt ein rotes Tier im Blut,
das macht mir wieder frohen Mut.
Komm her, ich weiß ein schönes Spiel
im dunklen Tal, im Muschelgrund …
Ich bin so wild nach deinem Erdbeermund!

Die graue Welt macht keine Freude mehr,
ich gab den schönsten Sommer her,
und dir hats auch kein Glück gebracht;
hast nur den roten Mund noch aufgespart,
für mich so tief im Haar verwahrt …
Ich such ihn schon die lange Nacht
im Wintertal, im Aschengrund …
Ich bin so wild nach deinem Erdbeermund.

Im Wintertal, im schwarzen Erdbeerkraut,
da hat der Schnee sein Nest gebaut
und fragt nicht, wo die Liebe sei.
Und habe doch das rote Tier so tief
erfahren, als ich bei dir schlief.
Wär nur der Winter erst vorbei
und wieder grün der Wiesengrund!
… ich bin so wild nach deinem Erdbeermund!

Die Liebesballade für ein Mädchen namens Leyla

Als man mich verstieß ins Unbekannt,
warst du, schwarzes Tier, mein Vaterland.
Leg mir deine Wurzelhand aufs Haar,
schenk mir deinen roten Muschelmund;
daß ich herrenloser Straßenhund
wieder weiß, wer ich vor Jahren war,
Dichter manchmal, manchmal auch Soldat,
den die Welt wie einen Wurm zertrat.

Viele Tiere sind mit rotem Blut
durch mein Blut geschwommen, bis die Flut
überlief von mir. Wer kann dafür,
daß er nicht in jeden Stiebel paßt?
Wenn den Menschen ich jetzt so verhaßt
und verekelt bin wie ein Geschwür:
Kleine schwarze Leyla, du komm her,
deine Liebe wiegt vieltausend Jahre schwer.

Waisenkinder sind wir beide jetzt,
angespien und herumgehetzt.
Aber unser Blut ist noch so rot,
daß wir tanzen müssen, wenn es wild
durch die Adern rinnt und, nie gestillt,
uns im Traum noch quält bis auf den Tod.
Bei dem lauen Wind der Mitternacht,
hat der Mohn uns sanft ein Bett gemacht.

Sieh, jetzt kommt der Mond, das bleiche Tier,
aus dem Sumpf herauf und will bei dir
auch einmal die Nacht zuhause sein.
Gib ihm ruhig hin, was du
auf dem Leibe hast. Villon sieht zu,
wie du in dem blanken Silberschein,
in den weißen Anemonen da,
schöner aufblühst, Stern von Afrika!

Stern, der mir noch manche Sommernacht
leuchten möchte, mir zum Glück gemacht.
Über uns ist nur das Laub erbaut
mit den vielen Lämmerwolken drin.
Und das Gras, das reicht uns bis zum Kinn,
bis auch unsre Leiber sich zu Kraut
und Getier verwandelt haben, hier im Wald:
Du und ich Millionen Jahre alt.

Hier, von aller Kümmernis entflohn,
neigt zu uns sich Gottes liebster Sohn,
von unsren Sünden mild bewegt.
Und wie manchmal aus dem grauen Staub
auferhoben wird das Laub,
treiben wir, sobald der Morgenwind sich regt,
auf dem letzten großen Meer
bis zur nächsten Wiederkehr.

Eine neue Ballade, gedichtet für Mira l'Ydolle

Die Bäume standen alle grau und krank
im Wald herum, weil in dem Bach der Tag ertrank.
Du aber warfst die Kleider fort vom Leib
und hast ein weißes Licht
mir angezündet, du, mein Abendweib,
mit Wurzelhaar und Tiergesicht.
Und immer werden meine Augen hell und weit,
wenn in der Nacht mir solch ein Mond erscheint.

Die Bäume wuchsen in den Mai hinein
und wollten nicht mehr grau und einsam sein.
Ich aber weiß nicht, wo du weilen magst,
ich weiß nur, wie du hautnacktheiß
mit deinem Mund an meinem Munde lagst.
Und über uns der Mond zog seinen Kreis
die lange Nacht
und hat mich still und hat mich krank gemacht.

Ich bin nach deinem Mutter-Mal so krank,
das sich an meinem Blut betrank.
Das werd ich manche Nacht im Wald
noch wissen … du, noch einmal kehr
zurück, im weißen Kleid. Bald bin ich alt
und wie die Bäume krank und leer …
Doch heute, in dem milden Licht,
wie quält es mich nach Wurzelhaar und Tiergesicht.

Die Ballade von den Mädchen, die keinen Mann mehr finden

Sie haben alle einen Abend lang
und hautnackt blank
im grünen Gras gelegen.
Und haben da in solcher Nacht
den Mann um seinen Schlaf gebracht,
sie wußten wohl weswegen.
Das war im Sommerjahr ihr schönster Traum,
denn winters grünt im Wald kein Pflaumenbaum.

Im Pflaumenbaum da sang die Nachtigall
noch manches Mal das Lied vom Sündenfall.
Und oben bei den Schafen
da stand ein fetter Mond und ließ
den Knaben, der so schön auf seiner Flöte blies,
die ganze Nacht nicht schlafen.
Er hat an das, was nachher kommt, gedacht
und in der Früh sich aus dem Staub gemacht.

Da banden sich die Mädchen einen Kranz ins Haar
und klopften an bei Jesu Engelschar,
daß er sie von den Bösewichtern
erlöse für und für.
Doch Petrus stand mit seinem Sarraß vor der Tür
und zeigte auf den See, da irrten sie herum, die Lichter,
die Angedenken aus der Pflaumenzeit
in einem dicken Würmerkleid.

So manche Frau trägt immer noch die Jungfernhaut,
obwohl ihr Haar schon dünn ist und ergraut.
Die ganze Nacht brennt in der Kammer Licht
und aus dem Spiegel grinst ein häßliches Gesicht.
Da möchte sie das Bild zerschmeißen.
Doch Glück und Glas, das reimt sich nie
auf Pflaumenbaum und Zitterknie.

Die Ballade von der Selbsthilfe

Nicht alles kann nach unseren Wünschen sich gestalten,
auch wenn wir noch so fromm die Hände falten.
Was oft sich in die Augen schiebt hinein
als Schinken, Ganspasteten, Eierfladen,
geselchten Fisch und anderen Leckereien,
dazu brauchts nur drei Schritte in den Laden,
wenn Geld vorhanden ist. Doch hat man keins,
verzichtet man und pfeift sich eins.
  Denn wer allein den lieben Gott läßt walten,
  der wird den Bettelsack sein Leben lang behalten.

Vielleicht ist auch zur gleichen Frist das Seil
schon eingeseift, sich um den Hals zu schlingen,
und pocht mit Spruch und Zugriff auf sein Teil;
nicht immer aber wird es ihm gelingen.
Man muß die Beine in die Hände nehmen
und sich ein Stücklein weiter in die Welt
und meist bei Nacht hineinbequemen,
sonst ist es um das Geld und uns selber schlecht bestellt.
  Denn wer allein den lieben Gott läßt walten,
  der wird den Bettelsack sein Leben lang behalten.

Ergibt sich dann ein Warteraum mit Federbett
und einem Lustbehälter, der gut wärmt,
und hat er sich wie ich so lange schon gehärmt
nach einem liebestollen Tanzduett,
soll man mit einem Freudensprunge alles wagen
und besser sechs als nur das eine Mal
die Nacht sich um die Ohren schlagen;
ein Hasenfuß, der bleibt in seiner Qual.
　Denn wer allein den lieben Gott läßt walten,
　der wird den Bettelsack sein Leben lang behalten.

Gegeben wird uns nur, was man sich nimmt,
ganz gleich auf welchen Wegen, graden oder krummen.
Und wenn dann jemand sagt, daß es nicht stimmt,
er weiß, warum er sich heuchelnd muß vermummen.
Sie nahmen alle, was sich nehmen ließ,
die Händler, Huren, Pfaffen oder Fürsten,
damit die trocknen Zungen nach dem Paradies
nicht bis zu ihrem selgen Ende dürsten.
　Denn wer allein den lieben Gott läßt walten,
　der wird den Bettelsack sein Leben lang behalten.

Vierzeiler, den Villon nach der Verkündung seines Todesurteils schrieb

Ich bin Franzose, was mir gar nicht paßt,
geboren zu Paris, das jetzt tief unten liegt;
ich hänge nämlich meterlang an einem Ulmenast
und spür am Hals, wie schwer mein Arsch hier wiegt.

Die Ballade vom Appell Villons an das Parlament

Als man den Galgen mir hat zudiktiert,
da hab ich an den Reichstag appelliert.
Denn jedes Tier, das hier auf Erden kraucht,
hält seinen Kopf nicht zum Vergnügen still,
wenn ihm ein Bösewicht ans Leder will;
da wirst du ganz gehörig angehaucht.
Und ich, ich soll in diesem kalten
verfluchten Hundeloch den Schnabel halten?

Wär ich ein feiner Herr in Gold und Samt,
dann hätt mich kein Gericht zu der Tortur verdammt.
Ich habe oft für einen guten Witz
in den Tavernen mich aufs Hinterteil gesetzt.
Doch wenn der Henker jetzt mein Fleisch zerfetzt,
mit Schrauben und mit Nadeln lang und spitz,
an Ketten, die mich in der Schwebe halten:
da soll ich mäuschenstill den Schnabel halten?

Und hätte ich im Kopf nur Häcksel drin
und wär ich dümmer noch, als ich schon bin:
den Schädel soll man mir in Stücke haun,
wenn ich nicht mit dem letzten Atemzug
noch protestier, daß man mich grundlos schlug.
Und wenn der Henker winkt und wie ein Zaun
Soldaten ihre Eisenlanzen halten:
soll ich mich wie ein Stein verhalten?

Notwendige Nachschrift

Ihr seht: Ich habe nicht vorbeigezielt
mit meinem Wisch. Denn hätte ich verspielt,
wär schon ein Strauch aus meinem Bauch
herausgewachsen, oder Bitterlauch.
Drum soll man nie vor den Gewalten
der hohen Obrigkeit den Schnabel halten.

Die Ballade von den Galgenbrüdern

Ihr Brüder seht, hier werden wir gehängt,
ist keiner da, der uns sein Mitleid schenkt?
Gott wird es euch vergelten mit dem Gold
der Ewigkeit, wenn ihr uns nicht mehr grollt.
Seht her, hier baumeln wir, fünf Kameraden,
und wenn wir auch den Leib noch in der Sonne baden,
den fetten Leib genährt mit Fleisch und Weizenbrot;
bald frißt uns auf mit Haar und Haut der Tod.
Verspottet nicht dies elende Geschick,
Gott wird uns bald in Jesu Namen
erlösen von dem Galgenstrick,
von allem Übel, Amen!

Wir hängen hier für die Gerechtigkeit
und daß ihr unsre Brüder seid, verzeiht!
Nicht jeder auf der Welt hat kaltes Blut,
nicht jedem tut das faule Leben gut.
Seid nicht erbost auf unsre Sünden
und bittet Gott, daß wir in seinen Schoß einmünden.
Seht, wie der Tod uns an den Kragen fährt,
seht, wie sein Griff uns schon am Halse schwärt.
Verspottet nicht dies elende Geschick,
Gott wird uns bald in Jesu Namen
erlösen von dem Galgenstrick,
von allem Übel, Amen!

Der Regen hat den Kopf uns blank rasiert,
seht wie uns in der Sonne friert,
wie uns die Raben Stück für Stück vom Bauch
mit ihren spitzen Schnäbeln hacken und wie auch
die Elstern nicht mehr faul nach unsren Därmen sind.
Wir schaukeln hin und her im Abendwind,
wie Äste, die voll roter Äpfel hangen,
wir sind im Nebel schon wie blauer Rauch zergangen.
Verspottet nicht dies elende Geschick,
Gott wird uns bald in Jesu Namen
erlösen von dem Galgenstrick,
von allen Übeln, Amen!

Zuletzt möge man diesen Stoßseufzer noch hören:

Herr Jesu, der Du Gnade ausschenkst allen;
errett uns aus des Teufels Höllenkrallen.
Ach, der fährt gut, der früh am Leben hängt
und nicht wie wir vom Strick so eingezwängt.
Wann wird wohl unser Herz erlöset sein?
Ihr Brüder, bittet Gott, er möge uns verzeihn!

Die Galgenballade, die Villon seinen Freunden zum Abschied gedichtet hat

Ach, Brüder, laßt uns hier nur ruhig schweben
am langen Strick. Wir haben von diesem Hundeleben
den Hals bis oben längst schon voll gehabt.
Wir haben nie, wie ihr, in einem weißen Bett gelegen,
wir lagen Nacht für Nacht im schwarzen Regen,
vom Wind zerfressen und vom Wurm zerschabt.
Wenn erst im Wald die Eule dreimal schreit,
ist auch der Teufel nicht mehr weit.

Da strecken wir so durstig schon die großen Zungen
und von dem milden Mondlicht eingesungen,
schwimmt eine weiße Wolke um den Wald.
So viele Sommerjahre haben wir den Magen
mit Erde nur und Laub uns vollgeschlagen,
da wurde auch die Liebe kalt und alt.
Wenn erst im Wald die Eule dreimal schreit,
ist auch der Teufel nicht mehr weit.

Aus unseren abgewürgten Hälsen manchmal pfeifen
die bösen Träume noch und wollen nicht begreifen,
daß auch die runde Welt ein Ende hat.
Es grünen Disteln schon und Nesseln in den Eingeweiden,
die mögen wohl den Wurm gut leiden,
weil er so weiß ist und so glatt.
Wenn erst im Wald die Eule dreimal schreit,
ist auch der Teufel nicht mehr weit.

Weshalb soll uns am Ende gar der Teufel holen?
Wir haben keinem Armen was vom Geld gestohlen,
und auch dem König macht es keinen Spaß,
der bleibt viel lieber bei den Schnäpsen und Lampreten,
läßt in den Kirchen für sein Wohlergehen beten
und legt sich zu dem weißen Reh im Abendgras.
Wenn erst im Wald die Eule dreimal schreit,
ist auch der Teufel nicht mehr weit.

Nun wir mit unserm Fett schon in der Sonne braten,
ihr Brüder, denkt an unsre eigenen Missetaten,
die wird man nicht so leicht mit Bibelsprüchen los.
Es fällt sehr bald ein Schnee auf eure Haare,
dann liegt ihr auch auf einer schwarzen Bahre
so klein und häßlich wie im Mutterschoß.
Wenn erst im Wald die Eule dreimal schreit,
ist auch der Teufel nicht mehr weit.

Notwendige Nachschrift:

Und als um die Mitternacht kam angeritten,
der schwarze Teufel aus dem Höllenreich,
da hat man grad die Schelme abgeschnitten
und warf sie schnell den Fischen hin im Teich.

Eine nette Ballade, die Villon dem König aus der Verbannung sandte

Ich, François Villon, ein Dichter und Vagant,
Franzose und verbannt aus seinem Vaterland,
mich kitzelt der Geruch der großen Stadt,
ich brauche Raum und habe nicht einmal
für meinen Kopf ein Futteral.
Ich hab den Hetzhund endlich satt,
der mich durch die verfaulten Wälder treibt.
Ich bin ein ganzes Jahr schon unbeweibt.

Du aber weißt, wie reißend mich das Blut bewegt,
wie mein Gehirn durch alle Himmel fegt,
ich hab dir mehr als einen Reim geschenkt,
da war noch Würze drin und Salz.
Jetzt klebt ein Schandfleck rot an meinem Hals,
und wer mich fängt und henkt,
streicht hundert Gold-Dukaten ein;
soll das mein Leben lang dein Wille sein?

Sieh her, ich trage auf der grauen Haut
nur diesen Rock, der ist geklaut
und stinkt nach Muff und Mottenfraß.
Sieh her, am Knie ein Loch, so groß
wie eine Faust … Wer bin ich bloß,
daß ich zu Mist und Aas
verdammt bin, ich, Villon, ein rauher Knecht,
der auch zu dichten sich erfrecht.

… mein Bruder hör: Wozu bist du so stolz
auf einen Thron gesetzt, wenn du wie Holz
dich anfühlst und nicht schreist:
»Schafft den Villon mir her, zieht ihm ein Kleid
von Seide an. Ist höchste Zeit,
daß dieser Kavalier mit mir zu Abend speist!«
Mein Bruder, hör: Ich habe Wind im Darm
und bin wie keine Laus, so arm.

Untertänigste Nachschrift

Auch so ein König neigt zuweilen sich
zu seinem Untertan herab und denkt wie ich;
daß alle Menschen groß und klein,
am Ende sollen Brüder sein.

Eine kleine Zugabe stiftet Villon zum Abgewöhnen

Ein schwarzer Efeu frißt sich tief
in meine Wand hinein. Ich hänge schief
vom Mond herab. Ich rinne hin
zum Schleim des Wurms. Ich wurme auch.
Und wachs herauf aus einem neuen Bauch
und wilder, als ich bin.

Das Leben des François Villon

»Peu de Villon en bon sçavoir
Trop Villons pour decevoir.«
Clément Marot

»Villon sut le premier dans siècles grossiers
Débrouiller l'art confus de nos vieux romanciers.«
Boileau

»The Middle-Ages brought forth a trinity of
great poets: Dante, the italian noble;
Chaucer, the english gentleman;
Villon, the french plebeian.«
Swinburne

I

François Villon, der große Desperado unter den Dichtern, ein Sohn des Volkes, geladen mit der Energie seiner Möglichkeiten, wurde in einem kleinen Anwesen dicht bei Paris im Jahre 1431 geboren, zur gleichen Zeit, da die Heilige Johanna von Frankreich in Rouen die Flamme des Scheiterhaufens umarmte. Jeanne d'Arc hatte die nationalen Kräfte entfesselt, die den mehr oder weniger heftig tobenden Krieg zwischen England und Frankreich zugunsten der Franzosen beeinflußten und ihn 1453 siegreich beendeten und der als der »Hundertjährige Krieg« in die Geschichte einging. Mehr als ein Sieg des Königshauses Valois im Erbstreit, war dies eine Kraftprobe des Volkes, deren Signale durch die Jahrhunderte bis in die große Revolution hinüberleuchteten. Bevor Ludwig XI. Wandel schaffte, befand sich während der Regierung des labilen Karl VII. im Land alles in moralischer Auflösung und Zersetzung. Mord und Totschlag waren unter den Bürgern, Bauern und in Adelskreisen etwas durchaus Alltägliches. Eine ordentliche, saubere Gerichtsbarkeit kam selten zu Wort und Wirksamkeit. Jeder, der betrogen, bestohlen oder sich auch nur bedroht fühlte, suchte sein Recht auf eigene Faust und nahm Rache, meist sehr blutig, genau wie die Gerichte grausam und unmenschlich aburteilten. Hungersnöte machten das Leben zu einer Art Räuberdasein. Jeder bestahl jeden.

In dieser Umwelt, in einer armseligen Kammer des kleinen Anwesens mit Namen »Montcorbier« erblickte Villon das »Dunkel« seiner Zeit zum erstenmal. Fast wie ein grausiges Symbol erscheint es uns heute, wenn man bedenkt, daß »Montcorbier« – der Rabenberg, die Richtstätte, der Galgenanger von Paris war und sein Vater vielleicht als Henker hier fungiert hatte.

Seit fünf Jahren gab es eine englische Besatzungstruppe in den Pariser Mauern. Zwischen Ruinen niedergebrannter Häuser und ausgeplünderter Hütten, auf Straßen mit zerstörtem Hausrat und Kriegsgerät, zwischen faulendem Kadaver und stinkendem Aas wuchs der Sohn der frühzeitig Witwe gewordenen Mutter Jacqueline auf. Kein Wunder, wenn der kleine François schon sehr zeitig das Elend der Ausgestoßenen, der Obdachlosen und Krüppel, aber auch das aufreizende Lotterleben der ritterlichen Herrschaften kennenlernt.

François hatte eine Nase mit dem feinen Witterungsvermögen eines Tieres und einen Mund, der haarscharf auf dem richtigen Fleck saß. Als fünfjähriger Knabe bereits stahl er, allerdings nicht Gold und Silber, aber einen Laib Brot für den hungrigen Magen. Polizei verprügelte ihn öffentlich auf dem Markt.

Es muß im Sommer 1436 gewesen sein. Die langsam vorrückende französische Armee zwang den Kommandanten der englischen Truppen, Willoughby, das Stadtgebiet von Paris zu verlassen. Eine unbeschreibliche, grausame Hungerkatastrophe brach jetzt über Paris herein. Paris war zwar von Besatzungstruppen frei, aber alle Zufahrtstraßen noch im Besitz der Engländer. Es kamen keine Lebensmittel mehr in die Stadt. Wer in dieser ausgepoverten Stadt auch nur etwas einigermaßen Eßbares finden wollte, der mußte alle Schliche und Kniffe kennen, die zum perfekten Dieb nötig sind, um Beute zu machen. Der kleine François wurde wieder einmal bei einem dieser Raubzüge nach Gebäck oder Braten aufgegriffen und windelweich geschlagen.

Mutter Jacqueline hob den übel zugerichteten Jungen aus der Gosse und brachte ihn kurz entschlossen zum Pater Guillaume de Villon, dessen Namen er später (vielleicht mit einem gewissen körperlichen Recht) annahm. Die ewigen Hungertage und das Leben in den Gassen wollte Mutter Jacqueline von ihrem Sohn abwenden, denn auch der starke Arm des Vaters fehlte; es sollte jetzt seine Erziehung in geordnete Bahnen gebracht werden.

Sie bat darum, daß man ihn als Klosterzögling aufnehme. Der fromme Pater Guillaume, Primus von St. Benoît-le Betourné, war kein Scheinheiliger, Augenverdreher und Schönschwätzer. Sein Wissen um Gott und Menschheit hatte er aus natürlichen Quellen geschöpft und bei seiner nicht gerade kleinen Gemeinde ein gewisses Ansehen erworben.

Er lebte nach den allgemeinen Dienststunden im Kirchenraum nun nicht etwa einsam in asketisch kahler Zelle, nein, neben seiner Kirche lag seine behagliche Wohnung, in einem Haus mit dem Namen »Rotes Tor«. In diesem Haus hatte er sich seinem Geist und Geschmack gemäß eingerichtet und empfing hier seine Gäste von der hohen Geistlichkeit und dem Adel. Er besaß dazu noch ein entzückend eingerichtetes Palais in der Bischofsstadt Sens, im Burgundischen, umgeben von ausgedehnten Wäldern und Weinbergen. Er sammelte Bilder und wertvolle Handschriften.

Von den Streichen des kleinen François mußte er wohl schon gehört haben, denn er nahm ihn ohne umständliche Examina gern auf und steckte ihn gleich in den Badetrog. Zum Wirkungskreis ausgelassener Spiele wurde ihm vorerst die umfangreiche Bibliothek angewiesen. Es gab da keine Gläser zu zerschlagen, keine Zierate von den Möbelstücken zu brechen. An den Wänden standen in hohen Regalen die schweren Folianten in Reih und Glied, viel zu hoch und unhandlich für einen so mageren Dreikäsehoch.

Hier im Haus »Rotes Tor« lernte François nun eine gänzlich andere Welt kennen als die, die ihm bisher gegenwärtig war. Er bekam reichlich zu essen, er wurde zum erstenmal in seinem Leben richtig satt.

Seine neue Heimat muß ihm sicherlich gefallen haben, nichts mehr war von dummen Streichen zu spüren. Im Gegenteil, er zeichnete sich durch Gehorsam und echten Lerneifer aus. Die übrigen Patres, die ihn inzwischen auch auf Herz und Nieren geprüft haben, finden ebenfalls Gefallen an dem aufgeweckten Straßenjungen. Bald darf er in der Kirche von St. Benoît-le-Betourné als Chorknabe und Ministrant vor dem Hochaltar dienen. Er freut sich besonders über die golddurchwirkten Gewänder des Klerus und ist stets beeindruckt von der feierlichen Prozedur des Gottesdienstes, wenn das Sonnenlicht durch die bunten Glasscheiben dringt und das farbenprächtige Bild sich um neue Nuancen bereichert. Der liebste Dienst ist ihm aber immer, wenn er seinem Pflegevater, der den Altar des Evangelisten St. Johannes betreut, beim Dienst behilflich sein kann. Er weiß schon jetzt die liebevolle Fürsorge von Vater Guillaume zu schätzen.

Merkt er doch, wieviel Verständnis dieser für seine jugendlichen Nöte aufbringt und seinen Wissensdrang durch immer mehr neue und schön bebilderte Bücher befriedigt. Es dauert auch nicht lange und er darf die Elementarschule besuchen. Er verläßt jeden Morgen das »Rote Tor«, geht zum linken Seine-Ufer, mit einer schweren Schiefertafel und der damals üblichen Rechenmaschine bepackt. In der Schule geht es jedoch nicht ohne Prügel ab; François ist aber daran mehr gewöhnt als seine Mitschüler. Seine Hungerjugend und seine Beutezüge sind ihm noch in guter Erinnerung. Die damals bezogenen Schläge spürt er heute noch, die jetzt verabfolgte Tracht ist dagegen nur ein Kinderspiel. Gerade in seinem ersten Schuljahr bricht die Pest in Paris aus. Das Jahr 1437 zählt an 50000 Todesopfer. Es ist immer noch Krieg; die Engländer stehen zwar nicht mehr bei Paris, aber das Leben dort bleibt trotzdem unsicher. Der kleine François fühlt sich im »Roten Tor« geborgener als je zuvor. Als Karl VII. 1438 seinen Einzug in der Hauptstadt Paris hält, erlebt er sogar ein Freudenfest, wie er es prächtiger sich überhaupt nicht vorstellen konnte.

Begleitet von seinem fünfzehnjährigen Sohn Ludwig reitet der König im Glanz durch die jubelnde Stadt. Aus den Häusern hängen die bunten Teppiche herab, man tanzt vor Freude auf den Straßen. Jetzt muß doch bald das Elendsleben beendet sein. Der König läßt für das Volk Ochsen am Spieß braten, der Wein fließt in Strömen. Das ist ein Feiertag für den kleinen Jungen, sein Lerneifer wächst, denn er will doch auch einmal ein so großer Herr hoch zu Roß werden. Doch immer wieder wird er darauf gestoßen, daß auch bei diesen hohen Herrschaften nicht alles stimmt.

II

François hat seine Ohren überall. Es raunt und flüstert unter den großen gotischen Bögen des Stifts von St. Benoît-le-Betourné, die Geistlichkeit wispert in den dunklen Ecken der Gewölbe. Man schreibt nun das Jahr 1440. In Nantes steht der Marschall von Frankreich, Monseigneur Gilles de Rais, Graf von Brienne, Herr von Champtocé und Pouzauges und Generalleutnant der Bretagne, wie sein voller Name lautet, vor den Schranken des hohen Gerichts.

Ankläger sind der Herzog Jean V. und der Bischof von Nantes. Gilles de Rais wird der Kirchenschändung, des Massenmordes und der Teufelsanbeterei beschuldigt.

Das sind ungeheuerliche Vorwürfe gegen einen Mann, der als ein Vorbild der Frömmigkeit galt, der zu den reichsten Fürsten Frankreichs zählte und ein Held des Hundertjährigen Krieges war, der Seite an Seite mit Jeanne d'Arc gegen die Engländer den Sieg erkämpfte. Nebenbei gesagt sogar der erste war, der an eine göttliche Sendung des lothringischen Bauernmädchens glaubte, alle Widerstände bei den französischen Fürsten, Feldherren und beim König wegräumte und sich immer schützend vor die Jungfrau von Orléans stellte, sogar als sie bereits in dem Intrigennetz der Kleriker und des neidischen Adels rettungslos zappelte. Selten hat es ein so aufsehenerregendes Ereignis gegeben wie diese Anklage. Ganz Frankreich war in fieberhafter Spannung.

Und als nun Gilles de Rais sich selbst noch vor dem Tribunal für schuldig erklärte und seine Schandtaten aufzählte, da war man zutiefst erschüttert.

Er bekannte sich dazu, etwa 250 Kinder umgebracht zu haben. In den Kellern seines Schlosses Tiffauges in der Bretagne stapelten sich menschliche Skelette zu Bergen. Ein Dokument wird vorgelegt, in dem er seine Seele dem Teufel verschrieb. Seine skurrile, eigene Unterschrift, mit Blut geschrieben, ist heute noch erhalten.

Eine Reihe von Mithelfern werden vernommen, und am 26. Oktober 1440 wird Gilles de Rais mit zwei seiner Diener zum Tode durch den Strang verurteilt. Auf der Loire-Insel »Gloriette«, dem amtlichen Hinrichtungsplatz, wird das Urteil exekutiert.

Was für ein Schicksal hat sich hier erfüllt? Was sind die Hintergründe dieses grausamen Lebens? so fragte jeder der geistlichen Herren von Benoît-le-Betourné. Als die Jungfrau von Orléans auf dem Scheiterhaufen ihr Leben aushauchte, machte Gilles de Rais sich heftige Vorwürfe, nicht wirkungsvoll geholfen zu haben. Er glaubte noch immer an die göttliche Berufung der Jeanne d'Arc und erwartete nun die Strafe des Himmels für seinen Verrat an der Waffengefährtin. Gilles de Rais zog sich in die dunkelsten Gemächer seines Schlosses Champtocé zurück. Ganze Tage und Nächte lag er vor dem Altar seiner Hauskapelle in inbrünstigen Gebeten. Er vernachlässigte sein Äußeres. Ließ sich in der Öffentlichkeit für lange Zeit nicht mehr sehen. Nachts irrte er im Park seines Schlosses umher, verwildert und ungepflegt. Er mied die Menschen und lebte fast wie ein Eremit.

Nach zwei Jahren des Büßerdaseins schlug diese Periode in das Gegenteil um. Plötzlich tauchte er wieder als der prunkvolle Fürst auf, der er immer war. Jetzt organisierte er auf öffentlichen Märkten und Plätzen, vor und in Kirchen Mysterienspiele, die er glänzend ausstattete. Kein Geld wurde gescheut, alles bisher auf diesem Gebiet Gesehene in den Schatten zu stellen. Offenbar waren diese Mysterienspiele, neun an der Zahl, nur Vorspiele und Proben zu einem noch nie dagewesenen zehnten Spectaculum. Gilles de Rais verfaßte das »Mysterium der Belagerung von Orléans«. Man kann es als einen dramatisierten Bericht in Versen bezeichnen. In einem Vorspiel im Himmel wird Jeanne d'Arc zum Werkzeug göttlicher Vorsehung auserwählt und greift in die Geschehnisse des damaligen Hundertjährigen Kriegs ein. Die Jungfrau von Orléans erhält hier ihre Ehrenrettung durch Gilles. Zur Uraufführung am Jahrestag der Verbrennung ist der König anwesend, dazu der gesamte französische Adel. Gilles wirkt auf der Bühne in eigener Person mit. Am Schluß der Vorstellung fällt das Volk auf die Knie zum Gebet. Die Rehabilitierung der Jeanne d'Arc ist eine vollkommene; alle zollen ihr nun göttliche Ehren, jetzt erst weiß man, daß damals ein Fehlurteil gesprochen wurde und der Kanzler La Trémoille ein heimtückischer Intrigant war.

Der König ist unangenehm von dieser Aufführung berührt, aber er wagt nichts zu sagen, er läßt seinem Volk dieses neue Idol der Verehrung.

Mehrere Monate dauern die Aufführungen. Aus allen Teilen Frankreichs strömt das Volk nach Orléans. Es wird ein wahres Volksfest.

Als der Winter hereinbricht und die Vorstellungen abgebrochen werden müssen, stellt es sich heraus, daß der schwerreiche Gilles de Rais den größten Teil seines Vermögens verloren hat. Nach heutigem Geld etwa 20 Millionen Mark sind für dieses

Theaterunternehmen aufgebraucht worden. Ganze Dörfer und Städte kommen unter den Hammer. Als Triumphator zog er aus; nicht als armer Mann, aber ohne große Mittel mehr zu haben, kehrt er auf seine Besitzungen in der Bretagne zurück. Hier versucht er angestrengt, die zerrütteten Geldverhältnisse zu ordnen.

Unter seinen Finanzberatern gab es irgend jemand, der ihm den Traum der Alchimie, Gold zu machen, so eingeblasen haben mag, daß er nun ganz und gar dieser Idee verfiel. Aus aller Herren Ländern zog er jetzt Magier, Zauberer, Alchimisten und Kabbalisten an seinen Hof. Die Räume auf Schloß Champtocé waren für geheime Unternehmungen dieser Art zu klein und zu leicht zu beobachten.

Er wählte daher zu seinem neuen Sitz das Château Tiffauges, eine Festung mit dicken Mauern und grabestiefen Kellern, unzugänglich im Gelände, unbemerkt überhaupt nicht von Fremden zu betreten. Hier wird nun experimentiert. Aber nichts will gelingen. Nun schließt er den erwähnten Pakt mit dem Teufel – aber der Satan will seine Seele nicht. Nun beschließt man, Tauben und Schafe zu opfern – doch auch diese Opfer finden keine Gnade. Man verfällt auf den unmenschlichen Gedanken, daß der Satan womöglich Kinderblut lieber mag.

Als Landesherr war es ihm leicht, ohne Aufsehen und Verdacht zu erregen, Kinder einfangen zu lassen. Und so begann eine der gräßlichsten Mordserien der Geschichte, die durch den Tod am Strang ihre Sühne fand.

Dem kleinen François gruselt es. Nächtelang wälzt er sich auf seinem Lager und betet noch intensiver als je zuvor. Er schwingt seinen Weihrauchkessel mit zerknirschter Inbrunst beim Dienst als Ministrant. Zuflucht in seinen jugendlichen Zweifeln ist ihm jetzt nur noch Gott.

III

Pater Guillaume bemerkte die Wandlung und auch die geistigen Fortschritte seines Zöglings, ohne jedoch den wahren Grund zu ahnen, wohlgefällig und mit Interesse. Er freute sich, daß sein Pflegesohn mit Leichtigkeit sein Pensum bewältigte. Er selbst tat ein übriges dazu, ihm über den Elementarunterricht hinaus Bildung und Wissen zu geben. Wußte er doch selbst, daß das Nachplappern der primitiven Lehrsätze im »Hugutio«, dem gültigen Lehrbuch für Latein, keine reine Freude war. Das »Doktrinal« einer ebenfalls gereimten Grammatik kannte er wohl auch aus persönlicher Abneigung. Er versuchte seinem Zögling den Bildungsgang so angenehm wie möglich zu machen.

In seinem siebenten Jahr las François bereits Griechisch und Latein und hatte es mit Hilfe des klösterlichen Schreibers Sabeau zu einer fabelhaft flüssigen Handschrift gebracht, zu einer staunenswerten Fertigkeit in der Miniaturmalerei. Pater Guillaume war zufrieden mit seinem Schützling und dessen Fortschritten, und an einem schönen Sommerabend packte er ihn in die Kalesche und brachte ihn auf die Universität, zur »Fakultät der sieben freien Künste« beim Kollegium Navarra.

François war gerade zwölf Jahre alt, als er unter dem Namen »von Montcorbier« in das Register der Universität eingetragen wurde.

Sein richtiger Familienname muß bezweifelt werden; diesen Namen trug ein Hügel bei Paris, auf dem die Galgen der Hingerichteten standen. Der Vater unseres François hatte offenbar mit den dortigen Exekutionen zu tun und sicherlich auch in der Nähe seinen Wohnsitz, so wurde er danach benannt. Wenn man von den »Montcorbiers« sprach, wußte jeder, wer damit gemeint war, ohne den Familiennamen zu wissen. Die neuere Forschung neigt dazu, »de Loges« als Familiennamen anzuerkennen. Beide Namen aber verwirft François und nennt sich kurz nach seinem Eintritt in die Universität für immer nur noch »Villon«.

Die Universität lag zu Villons Zeiten in der Rue Saint Jacques und war ein dunkler, riesenhafter Gebäudekomplex, beinahe ein Stadtteil für sich, mit Kirche und kleinen Kapellen, vielen Nebengebäuden, dicken Mauern ringsum und einem Wachtturm am Eingang. Es gab dort mehrere Kollegienhäuser, in denen auch sehr viele Studenten wohnten.

François Villon wurde in das exklusive Kollegium von Navarra gegeben. Es war eine Stiftung der Gattin Philipps des Schönen (der Johanna von Navarra) aus dem Jahre 1304. Außerdem gab es noch das Collège des Dix-Huit, ferner das Collège de Constantinople, das Collegium Florentinae und noch eine ganze Reihe andere, die nach den Stiftern oder Heimatorten benannt waren. Die Spitze aber aller dieser Collegien bildete die Sorbonne. Eine Gründung von Robert de Sorbon, der Kaplan des heiligen Ludwig war. Dieses Collegium war ganz der Theologie vorbehalten, beherrschte jedoch den Ablauf der anderen Lehrpläne sämtlicher Collegien. Das war die Stätte, aus der die hohe Geistlichkeit ihren Nachwuchs bezog. In der Universitätsstadt herrschte ein strenges Regiment. Die Studenten wurden belauert und bewacht. In Schlafsälen, die von funzligen, stinkenden Öllampen spärlich beleuchtet waren, schliefen hier Reihe an Reihe die Hörer. Um Mitternacht wurden alle eingetragenen Studierenden gezählt und namentlich aufgerufen. Wehe dem, der bei diesem nächtlichen Appell fehlte. Der nächste Tag brachte fürchterliche Strafen. Wesentlich besser waren die Studenten daran, die ihre Eltern und ihr Zuhause in Paris hatten. Sie konnten wenigstens etwas von ihrer nächtlichen Freiheit genießen. Zu ihnen gehörte auch François Villon, der nach wie vor im »Roten Tor« bei Pater Guillaume wohnte, der aber nicht mehr so streng ans Haus gefesselt war wie zuvor.

Das Studium an der Universität zu Villons Zeiten ist nicht mit dem unserer Zeit zu vergleichen. Eher könnte man eine Fortsetzung der Elementarschule darin erblicken. Genau wie dort gab es auch hier die Prügelstrafe. Nur wurde diese nicht von dem Lehrer selbst ausgeführt, sondern auf dessen Wink trat ein »Stockmeister« in Tätigkeit, der einen langen Stab für diese Tätigkeit schwingen mußte. Der sogenannte »Hörsaal« war ein kahles Viereck mit einer Kanzel, die mit einem Baldachin geschmückt war, hier stand der Dozent und las aus seinem Manuskript ab. Die Studenten schrieben fleißig mit. Wer viel fragte, fiel auf und damit in Ungnade. Und wer gar an der Unfehlbarkeit der Professoren zweifelte, der war erledigt, das war gleichbedeutend mit Meuterei. Von Villons Studentenzeit ist nichts Nachteiliges in den Akten der Universität vermerkt. Er muß in den ersten Jahren ein aufmerksamer, beliebter und geachteter Schüler gewesen sein. Er hatte das Aussehen eines netten jungen Mannes von sechzehn Jahren, etwas Flaum lag ihm schon auf der Oberlippe und die Stimme klang dick und dunkel. Er kam auch gleich zu den Chorsängern, erlernte das Spiel auf dem »Virginal« (Klavier) und bewältigte mühelos die Pensen. Der Dozent für Literatur und Dichtung war ein Mann von Mitte Fünfzig, etwas beleibt und, wie das in der damaligen Zeit nicht ungewöhnlich war und auch noch nicht den Gesetzen zuwider, den ihm anvertrauten Knaben nicht nur als Lehrer zugetan. Der stramme, dabei aber doch ungemein gelenkige François interessierte ihn besonders. Er unternahm ausgedehnte Spaziergänge mit ihm, und wenn sie an einem Weiher vorüberkamen, zogen sie sich gleich aus und spülten den Staub der Schulstube von der Haut. Unter dem grünen Himmel lagen sie einträchtig, und François erfuhr von seinem freundlichen Lehrer die historischen Hintergründe der Männerliebe.

Villon erwarb sich, wie sein dichterisches Werk beweist, eine umfassende Bildung. Pater Guillaume hatte allerorts seinen Einfluß geltend gemacht, aber auch überall seine Horcher und Beobachter, die jedes Abweichen seines Pflegesohnes vom graden Weg meldeten, das von ihm im Keime erstickt wurde. Jehann Conflans war Dozent und damit auch gleichzeitig zum Kassenverwalter des Kollegiums von Navarra auserwählt. Er waltete gründlich seines Amtes. Drückte auch manchmal beide Augen zu, wenn es sich um übliche Studentenstreiche handelte, und doch glitt der listige François ihm gelegentlich wie ein Fisch aus den Fingern, wenn es um die holde Weiblichkeit ging.

François Villon war achtzehn Jahre alt, als er im März 1449 die Bakkalaureatsprüfung bestand. Die Würde des Bakkalaureatsgrades setzte voraus, daß der Kandidat ein ausgezeichneter Redner und Dialektiker war. Er mußte über Witz, Verstand und umfangreiches Wissen verfügen. Wie mit einem Florett gestochen mußten die geistigen Paraden kommen. Natürlich war Villon nicht der Musterknabe, für den ihn der hohe Klerus von St. Benoît gern hielt. Dazu fallen gerade in Villons Studierjahre tolle Streiche und Umtriebe. Villon war ein wilder Fechter, wenn es galt, sich und seine Kameraden aus irgendeiner nächtlichen Rauferei herauszuhauen. Es konnte natürlich nicht ausbleiben, daß er mit einigen der etwa viertausend Tavernen, die damals existierten, sehr enge Bekanntschaft machte und an die ständigen Insassinnen dieser Lokalitäten mehr Bindungen hatte, als man ihm je zugetraut hätte. Er war jedenfalls immer dort zu finden, wo etwas los war, wo man handfeste Kerle brauchte. Nun muß man dabei berücksichtigen, daß den Studenten von den Polizeiorganen der Stadtverwaltung nicht viel passieren konnte, da diese einzig und allein der geistlichen Gerichtsbarkeit bzw. der der Universität unterstanden. Ein Umstand, den sich alte und älteste Semester für alle möglichen Schandtaten gern zunutze machten. Villon aber hält sich geschickt im Hintergrund. Das nötige Kleingeld für Trinkgelage bekommt er an Ort und Stelle, wenn er gelegentlich Lieder zur Laute singt und sich zahme, bereits vorhandene Sauf-, Freß- und Venus-Verse nach seinem Geschmack zurechtbiegt. In den Kreisen der Kaschemmenbesucher und in den Bordells hat er sich schon bestens eingeführt. Villon führt ein Doppelleben. Die Abhängigkeit von Pater Guillaume mahnt zwar immer wieder zur Vorsicht. Er läßt sich sogar von diesem in die hohen Pariser Adelskreise gesellschaftlich einführen.

Oft ist er Gast im Palais von Robert d'Estouteville, der etwa die Stellung eines Polizeipräsidenten von Paris einnimmt. Er verliebt sich in dessen schöne Gattin Ambroise; jedoch bleibt diese Liebe unerwidert. Der Herr Provost war ein Freund der Studenten, besonders wenn sie dem Bildungsniveau der Zeit entsprachen oder sogar darüber hinausragten, und spielte sich gern als deren Gönner auf, um seinen schlechten Ruf, den er bei den Universitätsprofessoren hatte, wenn es um Rechtsstreitigkeiten und Zuständigkeitsfragen ging, irgendwie zu revidieren.

Nach drei weiteren Studienjahren erlangt Villon den Grad eines »Magister artium«, der etwa unserem heutigen Doktortitel entspricht. Villon stand im 21. Jahre seines Lebens, als in feierlicher Amtshandlung der Kanzler der Universität ihm den Magistermantel um die Schultern legte und ihn damit für Lebenszeit an die Universität und deren Gesetze und Reglements verpflichtete. Pater Guillaume de Villon hatte das Ziel seiner Wünsche erreicht. Sein Pflegesohn gehörte von nun an einer gehobenen Schicht an und ist somit gesellschaftsfähig. François Villon ist aber ein anderer geworden; wenn jemals in ihm der Wunsch wach gewesen war, Geistlicher zu werden, so ist es jetzt damit endgültig vorbei. Ihn schaudert bei dem Gedanken, sich nun in die asketische Zucht der Theologen am Kollegium Sorbonne weitere Jahre zu vergraben. Villon bittet sich bei seinem Pflegevater eine Ruhepause und Bedenkzeit aus, danach will er sich zur Berufswahl entscheiden. Seine Enttäuschung bei adligen Fräuleins ertränkt er in Strömen von Wein. Er ist jetzt noch häufiger Gast in den Tavernen. Die bunten Schilder von »Pomme de Pin«, »Espé de Bois« und »Homme d'Armé« sind ihm Wegweiser, und er wählt diesen Weg. So kommt er wieder mit dem Volke in Berührung, mit dem Boden, auf dem er aufwuchs. Er lernt den Unterschied begreifen zwischen der Wahrheit und dem Tun, der Heuchelei und dem dünnen Kultur- und Bildungsfirnis der oberen Schichten. Jetzt, nachdem Ruhe und Frieden in Paris eingekehrt sind, die Menschen wieder verdienen und entsprechend leben, jetzt wird schneller und doppelt gelebt als zuvor, man muß doch Versäumtes nachholen. François aber fühlt sich nicht wohl in seiner Haut, denn er hat kein Glück bei Frauen. Sogar die Bürgerfräulein meiden ihn, seine freie Sprache, sein Drang, die Dinge immer beim richtigen Namen zu nennen, erschrecken deren Gemüter. Wundert es noch, wenn die käuflichen Mädchen an ihm Gefallen finden und er an ihnen?

Er knauserte nie, wenn er Geld hatte. Brauchte er welches, bekam er Kredit, auch Liebe, Obdach, Speise und Trank. Daran hat es ihm nie gemangelt. Jetzt, nach drei Generationen des Leidens, war wieder eine alle erfassende Lebensfreude in Paris eingezogen. Wo nur immer Gelegenheit sich bot, es wurde getanzt, gejubelt. Villon ließ sich von dieser neuerwachten allgemeinen Lebenslust nur zu gerne mitreißen. Die Lust zum Studium war ihm gründlich vergangen, nächtelang blieb Villon dem »Roten Tor« fern. Pater Guillaume drängte immer heftiger, mit Sorge sah er das Abgleiten seines begabten Pfleglings.

Da trat ein Ereignis ein, das wie ein Warnsignal für Villon hätte wirken müssen. Aus noch vorhandenen Polizeiakten läßt sich sein erstes Vergehen in der Öffentlichkeit sehr genau rekonstruieren. Am Abend des 5. Juni 1455 sitzen auf der Steinbank vor dem Stift St. Benoît der junge Priester Gilles, François Villon und das reizende Mädchen Yssabeau. Es ist ein lauer Sommerabend. Paris hat das Fronleichnamsfest prunkvoll begangen. In den Tavernen ist Hochbetrieb, aber hier im Schatten der gotischen Gemäuer herrscht tiefe Stille. Villon grübelt, wie er den jungen Priester abschütteln könnte, um mit seiner Schönen allein zu sein. Da werden die drei auf der Bank unsanft erschreckt. Zwei vermummte Gestalten durchbrechen die Ruhe des Abends. Einer steuert auf Villon zu und ruft: »So, jetzt habe ich dich mal erwischt, du Heuchler.« Villon beachtet ihn nicht. Aber der aufdringliche Störer wird aggressiv, zieht seinen Dolch und spaltet Villon die Oberlippe. Dessen Geduld ist nun zu Ende, gereizt, zieht auch er jetzt seinen Dolch und sticht auf seinen Gegner ein; er will es aber nicht zum Äußersten kommen lassen und läuft weg. Der Vermummte hinterher. Villon erreicht eine Barbierstube und läßt seine stark blutende Lippe verbinden. Inzwischen ist sein Verfolger zusammengebrochen, der Dolchstich von Villons Hand war tödlich.

Der Sterbende wird in das Stift St. Benoît-le-Betourné getragen, man stellt fest, daß es sich um den Priester Sermoise handelt. Das Châtelet (die Pariser Polizei) nimmt ein Protokoll auf. Der sterbende Priester vergibt seinem Mörder. Der Name Villons wird nicht erwähnt. Aber der Barbier, der seine Lippe verbunden hatte, meldet den Vorfall. Auch hiervon wird kein Aufhebens gemacht, der Getötete hat seinem Mörder vergeben, warum soll da das Gericht noch richten. – Villon kommt mit einem blauen Auge davon, aber nur dank der Fürsorge des Paters Guillaume, der seine ganze Person eingesetzt hatte, um diese Affäre zu verwischen. Denn, daß das Protokoll des Châtelet eine bewußte, plumpe Fälschung war, das flüsterte man in allen Pariser Gassen. Man wußte, daß bestimmte Kreise der Studentenschaft ein gehässiges Auge auf den Pflegesohn des Primus von St. Benoît geworfen hatten, einmal störte er durch sein Lotterleben das Ansehen besonders der Sorbonne-Studenten, zum anderen waren es neidische Konkurrenten seiner Abenteuer mit der holden Weiblichkeit.

Villon wird von Pater Guillaume auf schmale Ration gesetzt. Einige Tage hockt François zerknirscht in seiner dunklen Kammer. Doch draußen lockt die freie, frische Pariser Luft, er reißt das Fenster auf und verschwindet in dem Pariser Gassengewirr. Es blieb Villon nichts übrig, als sich nach einer lohnenden Beschäftigung umzusehen. Durch Vermittlung eines älteren Semesters kam er als Hilfsschreiber bei einem Advokaten unter. Für den Strohsack und das bißchen Essen mußte er seine schöne Handschrift hergeben und manche Nächte hindurch Urteile und notarielle Aktenstücke abschreiben. Den Rest der Nacht benutzte er, wenn nicht gerade Verpflichtungen bei einem Mädchen vorlagen, zum Abfassen seiner ersten Rondeaus. François entzog sich keinem Streich, selbst wenn er den Lohn beim Advokaten opfern mußte. Bei den Gelagen der Studentenschaft wurden seine Rundgesänge bevorzugt verlangt. Villon machte sich eigene Texte zurecht. Sie ergingen sich im Tempo der Jugend, waren keck in der Erfindung und höchst sachlich im Vortrag. Der Jargon durfte alle Dinge mit dem richtigen Namen nennen, ohne Umschreibungen, Schnörkel und ölige Drücker. Sie waren die Vorläufer des sogenannten volkstümlichen Liedes, der Soldatenballaden und Räuberromanzen. Leider hat Villon von diesen Liedern keine Abschriften hinterlassen. Sie spukten wohl noch ein Jahrhundert lang durch die Marktbuden, Kaschemmen, Zuchthäuser und Kasernen und befruchteten die schöne Literatur und Künste. Sie lassen sich als befeuerndes Element bei Ronsard und Antonio Girard, ja, sogar bei der sonst durchaus originalen Louize Labié (der schönen Lyoneser Seilerin) und sogar bis Béranger nachweisen.

Die Urtexte Villons sind verloren. Was in seinen Jargon-Balladen davon noch spürbar ist, hat sich Säuberungsaktionen gefallen lassen müssen. Villon hatte damals nach keinem Zensor zu fragen, er legte los, wie es ihm aus dem Blute floß. Bekannt wurde er einem größeren Kreis zuerst durch die frechen Chansons »Chanson sans Gêne«. Die Frauen bedrängten ihn mit ihren wilden Instinkten und Künsten. Er konnte sich leider nur ein halbes Dutzend der weißen Tiere halten; der Rest schlug sich zu seinen Feinden. Er hatte von dieser Sorte mehr, als er gebrauchen konnte, und hielt sich das überflüssige Zeug mit dem Degen vom Leibe. Er war ein Raufbold erster Güte. In seinem Gesicht kreuzten sich die Narben zu Hügeln und Schluchten. Das imponierte der über ganz Frankreich ausgebreiteten Geheimgesellschaft der »Coquille« mächtig. François schien ihnen der Mann zu sein, mit dem man die gewagtesten Sprünge unternehmen konnte. In einer Spelunke, wo Villon fast jede Nacht angetrunken in einer Ecke saß und an keinem Weltspektakel einen guten Faden ließ, traten die »Muschelbrüder« an ihn heran und nahmen ihn für ein anständiges Handgeld zum aktiven Mitarbeiter auf. Die Gesellschaft der »Coquille« ist in heutiger Sicht so etwas wie eine Partei der Ausgestoßenen. Begründet wurde sie von ehemaligen Soldaten des Hundertjährigen Krieges, die in das bürgerliche oder bäuerliche Leben nicht mehr zurückfinden konnten, die das Beutemachen gelernt und zur Perfektion entwickelt hatten. Diese Escorcheurs bildeten das Hauptkontingent. Hinzu kamen die Beutelabschneider, Diebe und Falschspieler, Fälscher und Einbrecher. Auch bezahlte Mörder waren in dieser Bruderschaft vertreten. Nicht nur Franzosen, sondern auch Ausländer waren Mitglieder.

Das Phantastischste dieser Brüderschaft aber war ihre innere Organisation. Es gab eine Geheimsprache, eine Geheimschrift, sie waren die ersten, die bestimmte Zeichen an Häusern anbrachten, die Aufschluß gaben über Gewohnheiten der Insassen und die Möglichkeiten, Beute zu machen.

Als Erkennungszeichen trug man unter der Kleidung die Pilgermuschel. Bewundernswert war der Nachrichtendienst. Durch geheime Wege und versteckte Orte erreichten in unvorstellbarer Eile die Mitteilungen ihren Empfänger. Vorbildlich waren die Unterstützungskassen und sozialen Hilfen. Keiner der Mitglieder kam in materielle Bedrängnisse; war jemand am fremden Ort, so standen ihm immer Unterkunft, Essen und Hilfe zur Verfügung.

Der »Magister artium«, der Doktor François Villon war so etwas wie ein Sekretär in dieser Geheimgesellschaft. Zunächst war er nur mit schriftlichen Arbeiten betreut, es mußten Eingaben bei der Behörde gemacht werden, um irgendeinem bedrängten und unkundigen Mitglied zu helfen. Oder es waren Nachrichten in fremden Sprachen zu verfassen und Ratschläge auszuarbeiten. Es zeigte sich bald, daß er ein findiger Kopf und für die »Coquillards« glänzend zu gebrauchen war.

Inzwischen ist ein halbes Jahr seit der Dolchstecherei vor dem Stift St. Benoît vergangen. Die Angelegenheit hat doch weitere Kreise gezogen. Zwei Eingaben zur endgültigen Freisprechung waren bisher unbeantwortet geblieben. An der Anklageschrift wird noch gefeilt. Nur eine Flucht aus Paris kann Villon vor den Gittern des Gefängnisses noch retten.

François hat noch niemals Paris verlassen. Er lehnt sich dagegen mit innerem Widerstreben auf. Jetzt merkt er, daß er mit Leib und Seele ein Pariser geworden ist. Es locken die Tavernen, die fröhlichen Trinkgelage und nicht zuletzt die leichten Mädchen. Aber der Gedanke an den Galgen wird immer stärker, und so passiert Villon an einem trüben Morgen die Schranken der Stadt und steht bald darauf mutterseelenallein auf der Landstraße.

IV

Im nahen Gehölz krächzen Raben, die sich um ein Stück verendetes Wild zanken. Sofort wird Villon wieder an den Galgen und den Rabenberg erinnert. Er zieht weiter. Seine erste Station ist die Barbierstube von Bourg-la-Reine. Der Barbier hat von dem Magister François bereits gehört. Er ist ebenfalls Mitglied der »Coquille«, ein bekannter Hehler, der hier abseits an der Straße nach Dijon seine dunklen Geschäfte nebenher betreibt. Jetzt merkt Villon, wie nützlich die geheime Bruderschaft ist, und begreift die ganze Tragweite seines Geschickes. Seine Kindheit in den Kriegs- und Hungerjahren steht ihm vor Augen, seine kleinen Raubzüge, die er, der Not gehorchend, damals ausführte. Am warmen, abendlichen Herdfeuer wird aller Kummer in Gelagen beim Wein ertränkt, und nach kurzer Rast bricht Villon auf, einem neuen Ziel entgegen. Der Nachrichtendienst der »Muschelbrüder« funktioniert tadellos. Eine Reiseroute mit Rast- und Gaststätten wird ihm von Paris nachgeschickt; er hat jetzt auch wieder Geld im Beutel. Die Verbannung scheint erträglich zu werden. Wer so reisen kann, der reist gut und sicher.

Seine nächste Station ist das Nonnenkloster von Port Royal. Die Vorsteherin, die Äbtissin Huguette du Hamel, ist eine tolle Nummer. Alle Laster der Zeit sind ihr im Gesicht geschrieben. Ihr Kloster ist nie eine Stätte frommer Gotteseinkehr gewesen. Hier stiegen oft und gern die jungen Adligen ab und fanden bei den jungen Nonnen neue Variationen ihres Vergnügens. Die Äbtissin war eine erfahrene Frau und kannte ihre Zeit; das Geld, das hier einkam, stapelte sich in den Kellern. Man sagte von ihr, daß sie heimlich in Männerkleidern das Kloster verlassen und lange Nächte in Pariser Spelunken getanzt hätte. Und die Coquillarden mußten es ja wissen. Vielleicht stand sie mit ihnen sehr vertraulich oder gehörte sogar zu ihrer Bruderschaft, das war alles möglich. Jedenfalls fand sie den Villon prächtig, und der fühlte sich bei ihr ebenso wohl wie im Himmelreich.

Geld nahm man ihm nicht ab, er war ja Ehrengast. François wartete indessen vergeblich auf eine Nachricht aus Paris. Er hoffte auf Niederschlagung der Anklage für seine Missetat. So sehr man ihn hier von seinem Geschick ablenkte, er mußte an seine Zukunft denken, und dieses warme Liebesnest lag noch zu dicht an Paris. Trotz der Regentage brach Villon 1456 von Port Royal auf.

In Scheunen und dichten Wäldern, bei kleinen Leuten und Bauern, bei Handwerkern und Handelsleuten, immer von der Coquille weitergereicht, nächtigte er. Überall ist er gern gelitten, einen solchen Spaßvogel, der so muntere und schnurrige Geschichten zu erzählen weiß und sogar Räuberballaden zur Laute singt, den hat man gern. Aber eine ungeheure Gefahr steckt in Villons Talent. Kommt er ins nächste Dorf, dann wird er schon freudig erwartet. Erschreckt bemerkt er, daß er bekannt ist wie ein bunter Hund. Man kennt zwar nicht seinen wahren Namen – so vorsichtig ist ein Coquillard –, aber immerhin könnte es möglich sein, daß jemand aus Paris den Magister wiedererkennt.

Da tritt ein Ereignis ein, das seinen Weg abbricht und seine Spur verwischt. In Dijon wirkt (nach Paris) die größte »Coquillarden-Gemeinschaft«. Nicht weil hier die reichste Beute gemacht wird, aber Dijon ist für die Coquille das Hehlerzentrum, der größte Umschlagplatz für das Diebesgut. Hier gibt es eine Schar von Goldschmieden, die die Beute aus ganz Frankreich umschmelzen kann, hier sitzen auch die Steinschleifer, die jeden Schmuck unkenntlich machen. Der Polizeichef hatte von dem Vorhandensein der Muschelbrüder in den Mauern der Stadt so einiges erfahren. Er schlug aber nicht gleich zu. Ausdauernd sammelte er Erfahrungen, Nachrichten, alle Schlupfwinkel wurden beschattet, angesehene, aber verdächtige Bürger wurden belauscht und überwacht. Und eines schönen Tages flog der ganze Kessel auf. Hunderte von den Einwohnern Dijons gingen in die Falle und wurden mit mittelalterlicher Grausamkeit gefoltert, gerädert, gestäupt und gehenkt. Die größte Katastrophe seit Bestehen der Coquille war perfekt. Der Nachrichtendienst der Muschelbrüder lief auf Hochtouren; das Schlimmste sollte verhindert werden.

Viele Mitglieder konnte man warnen. Auch Villon erhielt die Aufforderung, um Dijon einen großen Bogen zu machen. Seine Lehr- und Wanderzeit mußte bald um sein, die Zeit als »Gascatre« (als Anfänger) beendet; er hatte die gut funktionierende Organisation und Wohltaten der Hilfestellung am eigenen Leibe erfahren. Bisher war Villon noch nicht in die kriminelle Arbeit der Bruderschaft eingesetzt worden, man erwartete aber von ihm bald ein »Tolles Ding«. Doch dazu sollte es nicht mehr kommen. Der Nachrichtendienst der »Coquille« übermittelte ihm aus Paris den Erfolg seiner zwei Bittgesuche. Villon konnte in seine Heimatstadt zurückkehren.

V

Nur zu gern eilte er zurück. Es ist ihm nicht schlecht bei der Coquille ergangen, aber auf die Dauer konnte er sich in der Umgebung dieses zum großen Teil primitiven Diebesgesindels nicht wohl fühlen. Er liebte die Freiheit, aber es war eine andere Freiheit, als dieses Volk es meinte. Wenn einer hin- und hergestoßen wird, bald hier kampieren, bald dort im weichen Daunenbett sich räkeln muß, aber immer die Angst im Nacken spürt, um jeden Polizisten einen Bogen schlägt, der sehnt sich nach Seßhaftigkeit, der sucht eine liebevolle Hand. Darum fällt Villon, als er die Bannmeile von Paris hinter sich gebracht hat und er vor seinem Pflegevater, dem hochherzigen Prior von St. Benoît-le-Betourné, steht, ein reuiger Kniefall nicht schwer. Der »Verlorene Sohn«, der zerknirschte Sünder wird in Gnaden aufgenommen. François zeigt echte Reue, so hartgesotten ist er nun auch wieder nicht, daß er den Unterschied nicht merkt. Auch seinen Freunden von der Coquille zeigt er sich nicht, die vergangene Zeit will er von sich streifen. Das Pariser Leben hat jetzt für ihn keinen Reiz, er ist satt von der Welt da draußen, was er in diesem Jahr erlebt hat, das scheint lange vorzuhalten. Ausgeruht und wieder sauber gekleidet, aber die Spuren seiner Vagantenwege tief im verwitterten Gesicht eingegraben, wird er vom Pater Guillaume der Öffentlichkeit, seiner Umgebung präsentiert.

Seine Erzählungen vom anderen Frankreich finden immer interessierte Zuhörer. Wo er überall war, das kann er sagen, aber was er getrieben hat, verschweigt er wohlweislich. Langsam faßt man wieder Vertrauen zu ihm. Vermutlich gefällt ihm nun selbst sogar dieses geruhsame Bürgerleben. Sogar einer Tätigkeit geht er nach. Bei einem hohen Steuerchef mit Namen Pierre St. Amant arbeitet er als Schreiber. Als Magister hat er auch dort Umgang mit hohen Beamten, Handelsherren und Edelleuten, mit Richtern und Advokaten. Sein Verstand für die bürgerliche Ordnungswelt hat sich inzwischen geschärft. Allen Ernstes gedenkt er in dieser Welt seßhaft zu werden. Doch zum Geistlichen taugt er nicht, das hat auch schon Pater Guillaume gemerkt.

Ein Ereignis nagt an seinem guten Willen und stimmt ihn immer nachdenklicher. Hier in der Amtsstube von Pierre St. Amant erfährt er alles vom Leben des damals reichsten Mannes von Frankreich, nämlich von Jacques Coeur. Dieses Schicksal läßt ihn so bald nicht los, seine jugendliche Phantasie und

Neugier braucht immer mehr Nahrung. Von allen Seiten trägt er Material zusammen, er fragt diesen und jenen, doch zum Schluß ekelt ihn die ganze Geschichte an. So hat er sich das Leben eines angesehenen Bürgers nicht gedacht.

Jacques Coeur, der in der 36. Strophe von Villons »Großem Testament« erwähnt wird, stammte aus Bourges, einer größeren Stadt etwa 200 km südlich von Paris. Er wurde dort etwa um 1400 als Sohn eines Pelzhändlers geboren. Karl VII. lebte hier als Dauphin. Bourges war der Sitz seines kleinen Reiches. Jacques Coeur mußte als junger, erfolgreicher Kaufmannssohn mit Vermögen den Dauphin gut gekannt haben, und als die Jungfrau von Orléans in das Blickfeld Frankreichs trat und ein Kriegswunder verkündete, da glaubte auch Jacques Coeur an die Sendung der Jeanne d'Arc und finanzierte den Fortgang des französischen Widerstandes gegen England. Damit erwarb Jacques Coeur sich nicht nur eine besondere Zuneigung, sondern auch Vertrauen. Als der Dauphin zu Reims zum Karl VII. gekrönt wurde, das Kriegsende abzusehen und Paris frei von englischer Besatzung war, da wurde der Einsatz von Jacques Coeur reichlich belohnt. Der König ernannte ihn zum Hofbankier; sein Titel lautete: »Argentier Seiner Allerchristlichsten Majestät.« Zugleich ist er Chef der Münze und beaufsichtigt das Prägen des Geldes als Münzmeister. Alle Bergwerke der Krone unterstehen ihm nun als Pächter. In allen kommerziellen Dingen ist er Berater des Königs. Die besondere Stellung von Jacques Coeur hat ganz und gar in seiner Persönlichkeit seine Gründe. Wie die Welser und Fugger in Deutschland, so ist er in seinem Denken allen Handelsleuten seiner Heimat um ein Jahrhundert voraus. Er durchbricht durch seine geschickten, aber arbeitsreichen Manipulationen die Vormachtstellung des Adels im Erwerb.

Er weiß, daß man mit Gewalt in diesem ausgepoverten Land nicht mehr zu Geld kommen kann. In dieser Zeit sind Krieger und Söldner nicht zu gebrauchen. Man braucht nicht mehr Heerführer zu sein und Raubzüge zu organisieren. Als Bürger genügen Unternehmungsgeist und als neuestes Machtmittel friedliche Beziehungen. Noch nie hat jemand in Frankreich als Bürger sich so erfolgreich zu betätigen gewußt. Jacques Coeur verfügte über gute Kenntnisse des Auslandes, jetzt konnte er in aller Herren Ländern seine Faktoreien einrichten, wir finden ihn in Venedig, Genua, Arabien und Indien; sogar eine eigene Handelsflotte besaß er. Wesentlich war seine Einstellung zum Menschen, er behandelte seine Leute und Mitarbeiter nicht als Untergebene, sondern humaner, als der Adel bisher mit den Leuten umgesprungen ist. Für ihn zu arbeiten und zu wirken war keine Last und Strafe mehr. Seine Leute wurden gerecht bezahlt, er war überall beliebt. Nur nicht beim Adel des Landes. Noch nie hatte es eine ernstere Gefahr für diese Kreise gegeben. Und als Jacques Coeur sich sogar als Diplomat betätigte, da war er des heimlichen Hasses des Adels ganz sicher. Aber was sollte man gegen ihn unternehmen, überall war er erfolgreich, die Kassen des Königs waren zu keiner Zeit so voll wie jetzt. Einen leidigen Kirchenstreit mit Rom löste er zu Frankreichs Gunsten mit großem Geschick. Seine Position war einzigartig am Hof, unentbehrlich für den König. Für das französische Bürgertum war er die markante Führerpersönlichkeit. Wenn dem dritten Stand jemals eine Geburtsstunde nachgewiesen werden sollte, jetzt zur Zeit Jacques Coeurs mußte sie gewesen sein.

Man war stolz, ein Bürger zu sein und zum Wohlstand Frankreichs beigetragen zu haben. Coeurs Beziehungen zum König waren die besten, aber langsam, ganz langsam tropfte das Gift der Verleumdung in dessen Herz. Agnes Sorel, die Geliebte des Königs, die »Dame de Beautie«, soll nicht die volle Zustimmung und Billigung von Coeur gefunden haben. Man flüsterte dem König zu, er hasse sie und versuche, sie vergiften zu lassen. Karl VII. weist solche Beschuldigungen einfach als absurd zurück und versicherte dem Jacques Coeur sogar einmal brieflich, daß er ihm mehr traue als sich selbst.

Aber als eines Tages Agnes Sorel plötzlich doch starb, da muß den König so etwas wie Furcht vor seinem mächtigen Berater gepackt haben. Ihm wurde klar, daß er einen Mann neben sich habe, der beim Volke beliebter war als er selbst, ja, der vielleicht sogar mehr Geld, Einfluß und Reichtümer besaß. Er sah jetzt in Jacques Coeur den Nebenbuhler, einen Mann, der eine gefährliche geheime Macht im Staat war. Durch geschickte Fälschungen der Abrechnungen spielte man dem König auch noch, genau zu dieser Zeit, die Haushaltsbücher der Staatspacht in die Hände. Er ließ sie prüfen und wurde nun noch mißtrauischer. Am 31. Juli 1451 wurde der Argentier Jacques Coeur auf Beschluß des hohen Rates verhaftet und sein Vermögen beschlagnahmt. Das war vorerst für die Hofkamarilla und auch für den König wichtig. Er wird nie im Ernst daran gedacht haben, seinen ehemaligen Freund Jacques Coeur töten zu lassen, daher ließ er ihn zweiundzwanzig Monate im Gefängnis zappeln. Die Anklage, die dann erhoben wurde, war wenig stichhaltig. Es gab keine Beweise. Trotzdem sollte der ehemalige Argentier vierhunderttausend Salus Buße zahlen und nach der Bezahlung des Landes verwiesen werden. Sein Vermögen wurde darum einbehalten. Coeur floh aus Frankreich und starb am 25. November 1456 an Bord eines seiner Schiffe.

Aber noch eine andere Angelegenheit bringt Villons gute

Vorsätze durcheinander und wirft alle Zukunftspläne über den Haufen.

Natürlich kann ein junger Magister vom Temperament Villons nicht ewig unbeweibt sein. In der guten Gesellschaft seines Pflegevaters lernt er die schöne Catherine de Vaucel kennen. Aus einer Mißgunst heraus müssen andere Freier des schönen Mädchens die anfängliche Zuneigung zu Villon ins glatte Gegenteil verwandelt haben, denn es gab ja genug Nachteiliges aus seiner Vergangenheit zu berichten. Jedenfalls wurde Villon von Catherine, die eine Nichte von Peter Vaucel, ebenfalls Chorherr von St. Benoît wie Pater Guillaume, war, nicht mehr beachtet, und als er eines Tages nichtsahnend um ein Stelldichein bat, jämmerlich verprügelt. Windelweich geschlagen von einer Schar Pariser Edelleute, darunter auch von seinem Freund, dem Magister Joliz, die diesem kleinen Villon zeigen wollten, wohin er gehörte. Villon hatte sich diesmal nicht mit Degen oder Dolch gewehrt, er wollte nicht wieder schuldig werden in einem blutigen Handel. Aus den glühenden Liebesliedern an Catherine werden jetzt bittere, anklagende Balladen. Nun, da er einsieht, daß er kein Glück bei den standesgemäßen Pariser Frauen hat, und auch seine Tätigkeit bei den Handelsherren ihm verleidet ist, weil er schnell das intrigante Geldspiel durchschaut, will er Paris wieder verlassen.

Weil die Spottverse an Catherine eine ungeahnte Wirkung hatten, wollte er dieses Mittel weiter ausbauen, Paris hatte über seine Verse gelacht und geschmunzelt, und die Eingeweihten erkannten auch unzweifelhaft das freche Mundwerk des Magisters Villon. So entschloß er sich, als Abschiedsgeschenk an seine Pariser Freunde eine großangelegte Abrechnung in Versen zu schreiben.

François Villon wählt dafür die Form eines Vermächtnisses, »Le Lais« genannt, also »Legate«; später gibt man die Bezeichnung »Testament«. Die äußere Form ist durchaus keine Erfindung Villons. Vorbilder gibt es schon in der Antike. Nur wie Villon sein Thema abfaßt, das ist ohne Vorbild. Alle Personen, die ihm in seinem bisherigen Leben über den Weg gelaufen sind oder ein Stück des Weges mit ihm gingen, sind mit irgendeinem Geschenk bedacht. Villon vergibt auch Dinge, die er nie besessen oder gar nicht geben kann, wichtig ist ihm nur, daß sie zu den teils spöttischen, teils boshaften Vorwürfen passen. Jedem, der ihm Böses getan, zieht er die Maske vom Gesicht, mit allen Feinden rechnet er auf seine Art ab. Anrührende Verse findet man in diesem Opus neben anrüchigem Spott.

So vermacht er seinem Brotgeber St. Amant drei Reittiere, feurig und temperamentvoll, aber nicht etwa in natura, sondern er sucht sich Wirtshausschilder aus »Zum weißen Roß«, »Das Maultier« und »Zum bockigen Zebra«. Der treulosen Freundin Catherine de Vaucel vermacht er sein Herz, in Gold gefaßt, und in diesem Sinne geht es weiter.

François Villon hat seine Abrechnung beendet, sein Entschluß, Paris zu vergessen und an einem anderen Ort von vorn anzufangen, steht fest. Für einige Freunde bestellt er ein Abschiedsessen. Im Gasthof »Mule« gegenüber dem Mathuriner Hospiz ist ein Raum festlich hergerichtet. Er wird jetzt seine »Lais« vorlesen.

Vier Gäste waren erschienen, sein Freund, der ehemalige Student Guy Tabarie, ein entlaufener Mönch mit Namen Dom Nicholas, ein Bruder von der Coquille, der Petit-Jehan, und Colin Cayeux, ein ausgezeichneter Goldschmiedegeselle. Es war kurz vor dem Weihnachtsfest des Jahres 1456.

Villon hatte, wie es damals üblich war, eine Abendtafel decken lassen, deren Abwicklung schon einige Stunden dauern mußte. Die fünf fröhlichen Fresser tranken ihren Wein mit Lust, die Kerzen flackerten und tanzten mit zu dem Rundgesang und den Späßen aus alten Erinnerungen. Witzige Erzählungen Villons unterbrachen das Gelage. Er erzählte von der Universität, vom Kollegium Navarra, vom Geldeinnehmer Jehann Conflans, dem er so manches Schnippchen schlagen konnte, während der die Aufgabe hatte, seinen Lebenswandel zu überwachen.

Plötzlich war alles still an der Festtafel, mit angespannten Gesichtern sah man sich an. Aus fünf fröhlichen Zechern wurden in wenigen Minuten fünf Diebe. Bei allen hatte es wie ein Blitz gleichzeitig gezündet. Nämlich der Plan, die Kasse des Kollegs von Navarra zu berauben. Der Gedanke wurde zu einem festen Vorhaben. Das Collegium von Navarra war reich, sehr reich. Jetzt kurz vor Jahresende mußten sich erhebliche Geldbeträge angehäuft haben. Villon kannte die örtlichen Verhältnisse wie kein anderer. Die Vorzeichen waren günstig, eine dunkle Nacht war zu erwarten. Und, waren nicht zwei ausgezeichnete Fachleute in ihrer Mitte? Petit-Jehan war einer der befähigtsten Schlösserknacker der »Coquille« und Colin Cayeux verstand vom Schlüsselmechanismus mehr, als gemeinhin nützlich war.

Den Raubzug wollte man sogleich ausführen. Tatsächlich war draußen stockdunkle Nacht, der Frost, der durch die Gassen klirrte, war kein Hemmnis, man war noch gut vom Wein durchwärmt. In kurzer Zeit stand man vor dem Gebäudekomplex, trübes Licht flackerte aus nur wenigen Fenstern. Keinem Menschen war man bisher begegnet. Die Wache hatte ihre Runde gemacht. Es waren zwei Stunden nach Mitternacht, als sie vor der schweren, mit drei Schlössern versehenen Holztruhe standen. Nur diese drei: Villon, der Petit-Jehan und Cayeux. Unten im Hof stand der ängstliche, ewig nörgelnde Guy Tabarie an einer Leiter und sollte den Weg absichern, der zur Hauskapelle des Kollegiums führte. Dom Nicholas hockte, schrecklich aufgeregt, vor der Sakristei, in der die Geldtruhe stand, und spitzte die Ohren. Und drinnen arbeiteten Petit-Jehan und Colin Cayeux, erst gemeinsam, dann sich abwechselnd, im Schweiße ihres Angesichtes. Während alle Türen bisher geräuschlos und kinderleicht von den beiden Fachleuten geöffnet wurden, war das hier mehr als eine harte Nuß. Die sauber gearbeiteten, kunstvollen Schlösser müssen sehr widerstandsfähig gewesen sein. Man begutachtete im Kerzenschein des Leuchters, den Villon betreute, hin und wieder die fortschreitende Arbeit oder wärmte sich die erstarrten Hände an der Flamme. Vorsichtig ging Villon mit dem Leuchter wieder hinter einen Vorhang, denn kein Lichtschein durfte nach außen dringen. Es war eine Grabeskälte hier drinnen, Angstschweiß und Weindünste vermischten sich mit den Weihrauchdämpfen, die sich hier seit hundert Jahren eingenistet hatten. Die schwere Luft und die Arbeit im Dunkeln ermüdeten die Arbeitenden. Auch die beiden Aufpasser wurden ungeduldig. Eben hatten die Wächter die erste Stunde des Tages ausgerufen. Man wollte bereits die Arbeit abbrechen, da – endlich – sprang das letzte Schloß auf. Knarrend hob sich der große Deckel der Geldtruhe. Sie waren am Ziel ihrer Wünsche.

Eine mit Eisenbändern beschlagene Schatulle lag ganz oben; hastig wurden die Bänder gesprengt. Fünfhundert Goldkronen befanden sich darin. Heraus mit dem Geld und die Schatulle wieder schließen, beanspruchte nur wenige Minuten Arbeit.

Keiner sollte eine Veränderung an der Truhe merken, die Schlösser wurden wieder vorgelegt, jede Spur beseitigt, und hastig verließ man die Sakristei. Die Beute wurde geteilt, den zappeligen Tabarie haute man dabei übers Ohr, er bekam zwölf Kronen, den Rest teilte man durch vier.

In der Patisserie »Zum goldenen Löwen« bei Mutter Machecue, ganz in der Nähe des Châtelet, der Polizeipräfektur von Paris, wurde für den Abend eine Feier veranstaltet. Was machte es schon, wenn man gestern gejubelt und gesoffen hat? Hat man nicht außerdem die halbe Nacht gearbeitet? In Windeseile wurden Einladungen ausgetragen. Wenn es gestern fünf Gäste waren, so fanden sich heute so an die dreißig Personen ein. Mutter Machecue hatte ihren großen Tag. Mit geborgtem Silber und venezianischen Gläsern wurde eine exzellente Tafel gedeckt. Bereits am frühen Nachmittag erschienen die Gäste. Die Damen und Herren der Coquille festlich angetan. Gestern, das war eine armselige Sache gegen das heutige Bacchanal. Wie bei einem Fürsten bogen sich die Tafeln unter der Last der Delikatessen, der Wein floß munter wie die Seine. Es wurde getanzt und gesungen, geliebt und gelacht, und es verging keine Woche, da war das ganze Geld verjubelt und vertan. Das Jahr 1457, das gerade begann, warf sein kaltes Licht voraus. François erwachte aus dem Taumel. Die Wirklichkeit erinnerte ihn an sein altes Vorhaben, Paris zu verlassen. Jetzt wurde ihm auch von anderen Seiten geraten, zu verschwinden. Daß der plötzliche Geldsegen nicht auf normalem Wege in Villons Hände gekommen sein konnte, das war jedem klar. Noch wußte niemand, welche Quelle er angezapft hatte, aber konnte nicht jeden Tag der Einbruch im Kollegium von Navarra entdeckt werden?

VI

François Villon nahm seine persönliche Habe, und bald lag erneut die Bannmeile von Paris hinter ihm. Diesmal schlug er sich nach Westen durch. Einige Zeit später finden wir ihn in Chartres. Diese Kathedralstadt imponiert ihm durch ihr Leben und Treiben. Der Handel blüht hier wie in Paris. In den Tavernen und auf den Gassen tummelt sich ständig ein buntgemischtes Völkchen. Die Coquillarden sind zahlreich vertreten, Gaukler, Trödler, Taschendiebe, Wucherer, Verbrecher aller Schattierungen und leichte Mädchen.

Villon aber zieht weiter, dieses Leben hat er nicht gesucht. Sein nächstes Ziel ist die große Stadt Le Mans. Es hält ihn auch hier nichts. Er wendet sich weiter nach Angers. In dieser Stadt residiert René von Anjou, ein kunstliebender Fürst, wie ihn Frankreich zu dieser Zeit nicht aufzuweisen hatte, dazu ein großherziger Mäzen. René von Anjou ist selbst ein befähigter Dichter. Eben hatte er sein neues Werk »Roman du Coeur d'amouer épris« vollendet. Seine Schreiber und Maler sind gerade damit beschäftigt, die Handschrift kostbar auszumalen und mit Miniaturen zu schmücken. Der Fürst René von Anjou hat für Bücher eine besondere Vorliebe, berühmt sind seine Stundenbücher, die als Kunstwerke mittelalterlicher Miniaturmalerei noch heute Aufsehen erregen.

René von Anjou führt nicht nur den Titel eines Königs von Sizilien und Jerusalem, ist nicht nur Herrscher über die Grafschaft Anjou, sondern Herzog von Lothringen und Graf der Provence. Ein riesenhafter Palast dient ihm als Residenz, und Scharen von Dienern, Sängern, Musikern, Dichtern und Malern bevölkern das gastliche Gebäude. Villon muß schon in Paris

Kenntnis von diesem Kunstbetrieb gehabt haben, denn es war ja sein Wunsch, hierherzugehen. Wahrscheinlich spekulierte er darauf, eine Beschäftigung bei dem Fürsten René zu finden, sich vielleicht durch eine besondere Leistung ›nach oben‹ zu dichten. Doch er ist nie dort am Hofe erschienen; wir wissen nicht, warum. Vielleicht, daß die »Coquille« ihm davon abgeraten hat. Auch so ein Mann wie René von Anjou hatte seine Ohrenträger überall, und Villons Ruf konnte tatsächlich schon bis hierher gedrungen sein. Verse des Magisters Villon waren bereits weit verbreitet. Ein enttäuschender Fehlschlag im Leben Villons. Er läßt sich als Briefmaler nieder und wartet auf Nachricht aus Paris. Der Einbruch im Kollegium von Navarra ist entdeckt worden, das weiß er, und daß die Beute das Zehnfache betragen hätte, wenn die Geldtruhe noch gründlicher durchsucht worden wäre. Wer aber die Diebe sind, das weiß man nicht. Er wünscht sich nur, daß Gras über die Geschichte wächst. Bisher hat das Châtelet in Paris nicht mal eine Spur entdeckt.

In Ruhe könnte er sich nun besonderen Aufgaben widmen, aber in seinem Blut rumort der Teufel, ist die Spannung des Widerspruchs, ewig rasant die Quelle der Unruhe, die ihn nie und nirgends seßhaft werden läßt. Die Dämonie der Vielfalt, schmerzhafte und heitere Lebendigkeit, Sonntag und grauer Werktag, sind in seinem Werk verdichtet, in seiner äußeren Form und seiner inneren Wesenhaftigkeit. Hier, im höchsten Spannkreis der Gegensätze, liegt auch die Wurzel zu der Erkenntnis, weshalb Villon kein umfangreiches Werk schreiben konnte, kein Epos, kein Drama.

Und plötzlich ist er wieder da, der Hetzhund. Der Meldedienst der Coquille knallt ihm die Nachricht um die Ohren, daß der Einbruch im Kollegium von Navarra haargenau dem

Châtelet bekannt ist, Ankläger ist die Geistlichkeit, und von dem bischöflichen »Hohen Gericht« sind alle Beteiligten namentlich zur Aburteilung festgestellt worden. Villon weiß, daß seine Flucht aus Paris nun noch Jahre dauern wird. Wenn die »Hohe Geistlichkeit« den Fall in Händen hat, ja, dann wird es ungemütlich. Dieses Gericht hat überall seine Häscher, während das Pariser Châtelet nur auf das kleine Gebiet der Stadt und der Grafschaft beschränkt ist.

Frankreichs Wälder sind dicht, und wenn man sich abseits der großen Straßen hält, kann man die eigene Sicherheit unentdeckt pflegen. Villon ist jetzt in kleinen und kleinsten Dörfern zu Hause, bei den Bauern Knecht unter Knechten. Das Leben auf dem Lande inspiriert ihn nicht zu Schäferidyllen, wie sie in zeitgenössischen Dichtungen so sehr in Schwung waren. Die harte Landarbeit spürt er am eigenen schon geschwächten Körper, und wenn dennoch in den langen Winterabenden etwas Zeit verbleibt, dann ist ihm die Natürlichkeit eines Bauernmädchens wichtigster Zeitvertreib. Nur mit Unmut kann er sich die Mädchen vom Land, die sich um ihn drängen, vom Halse halten. Dieser leichte Vogel mit dem Pariser Charme, der so zärtliche Worte flüstern konnte, der so himmlische Dinge erzählte, entsprach wohl dem Idealbild dieser einfachen Landmädchen. Und welch ein Unterschied zwischen ihm und den groben, hastig zupackenden Händen der anderen Knechte! Solch einen Burschen läßt man nicht gern laufen, aber Villon muß weiter. Von Ort zu Ort hetzt es ihn. Die Angst soll er nie wieder in seinem Leben los werden. Der elegante Magister von einst hat sich äußerlich verwandelt. Vom Wetter gebräunt, die Haut faltig und wie Leder, im blauen Kittel der Landleute, so wagt er sich wieder einmal in eine Stadt.

Villon vertauscht das Nachtlager in Waldlichtungen, Scheunen, auf Wiesen mit einer zünftigen Herbergsunterkunft in Orléans. Die »Coquille« erwartet ihn hier. Als Schreiber muß er für die Gilde wieder in Tätigkeit treten, aber wichtig ist ihm, von den Geschehnissen in Paris zu erfahren, wie es überhaupt zu der Entdeckung des Universitätseinbruchs kam. Und die Geschichte erfährt er nun in allen Einzelheiten. Noch heute sind die Protokolle dieses unerhörten Einbruchs in den Gerichtsarchiven vorhanden.

Man schrieb den 23. April 1457, der Tag vor dem Sonntag Quasimodo. Wie alle Jahre traf der Prior des Klosters Paray-le-Moniau (in unmittelbarer Nähe von Chartres gelegen) in Paris ein. Dieser »Hohe Herr«, in den Akten mit »Le venerable et discrete personne messire Pierre Marchant, preste prieur, curez de Paraiz« benannt, steigt in der rue de la Huchette, in dem renommierten alten Gasthof »Zu den drei Leuchtern« ab. Gerade so, wie es sich für gebildete Leute seines Standes ziemt und wie es die damalige Sitte verlangte, reiste er in jedem Jahr einmal nach Paris. Wie in seinen Kreisen auch sonst üblich, führt auch er ein Doppelleben. Seine Reise nach Paris sollte ganz dem Vergnügen gehören.

In Paris schüttelt er seine Amtssorgen ab, hier darf er in privater Sphäre leben, darf »Mensch« sein. Als großer Freund der Pariser Schenken hat er sich ausgezeichnete Lokalkenntnisse erworben. Tavernen, in denen etwas geschah, Vorgänge, die das Licht der Öffentlichkeit zu scheuen hatten, waren ihm liebster Aufenthalt. Zum Teil waren es die Tavernen der Coquille. Mit diesem Volk an einem Tisch zu sitzen, bereitete ihm Vergnügen, und mittlerweile bekam er Witterung, die Echtheit der Galgenvögel zu erkennen und den geprahlten Schein der Falschen. Irgendwo an solcher Stätte muß er den kleinen Guy Tabarie kennengelernt haben, den Studienfreund und Helfer Villons. Der ängstliche Magister, der beim Kollegiumseinbruch so still und unverdrossen die Leiter hielt, war nur ein ganz kleiner Fisch im Teich der großen Coquille. Eine unsäglich törichte Eigenschaft war Guy Tabarie zu eigen. Unglaubliches Geltungsbedürfnis, verbunden mit einer Ruhmsucht, die er im betrunkenen Zustand oft zu seinem Schaden übertrieb. Es kam ihm dabei nicht darauf an, Schauermärchen aufzutischen, bei denen man eine Gänsehaut bekam. Sein Brot verdiente er sich als Briefmaler und Aktenkopist. Er wurde Mitglied der Coquille, weil sie ihn, da er ein geschickter Urkundenfälscher war, für ihre dunklen Zwecke benötigte. In einer dunklen Ecke der Schenke »Zur Kanzel« saß er weinselig mit Pierre Marchant und log wieder einmal, daß sich die Balken bogen. Er brüstete sich schon öfter, die Geistlichkeit bestohlen zu haben, und auch vor Kirchen und Sakristeien mache er nicht halt. Der unerkannte Prior lockte mit erfundenen Diebesgeschichten immer mehr aus ihm heraus, bis plötzlich auch der Name des Kollegiums von Navarra fiel. Pierre Marchant wurde hellhörig und schlug dem Tabarie einen ähnlichen und lohnenden Einbruch vor, den sie gemeinsam begehen wollten, nur sollte Tabarie dafür sorgen, dieselben Kumpane heranzubekommen, die seinerzeit mit von der Partie waren. Und der schwachsinnig gewordene Tabarie nannte die Namen der Beteiligten. Marchant hatte genug für heute gehört, man verabredete sich zum anderen Tage in der Schenke »Pomme de Pin«.

Doch Tabarie bekam inzwischen Gewissensbisse und Angst vor der Coquille, denn dieser Mensch, mit dem er teure Weine soff und den niemand kannte, das mußte ein Anfänger sein, und mit solchen Leuten wollte man unter Fachleuten nichts zu tun haben. Mehrere Male traf man sich noch, aber aus Tabarie war nichts mehr herauszukriegen.

So entschloß sich der Prior Pierre Marchant, zum Châtelet zu gehen, und am 17. Mai 1457 wurde von den verblüfften Polizeibeamten der Bericht des Priors zu Protokoll genommen und dem Polizeichef vorgelegt. Der Prior reiste noch am selben Tage ab, er hatte das Gefühl einer Gefahr und Bedrohung durch die Unterwelt. Das plötzliche Verschwinden des spendablen Gastgebers machte nun den Tabarie stutzig, er brachte sich selbst in Sicherheit und gab auch eine außerordentliche Warnung an die Muschelbrüder weiter. Über ein Jahr sollte es dauern, bis das Châtelet den Tabarie fand und verhaftete. Während der einjährigen Haft lagen sich das Châtelet und die Geistlichkeit wegen Kompetenzstreitigkeiten in den Haaren. Der Bischof von Paris wollte das Verbrechen durch ein geistliches Gericht gesühnt wissen, weil der Einbruch auf einem Gebiet geschah, das der geistlichen Gerichtsbarkeit unterstand. Er gewann den Streit. Der Polizeichef Seigneur d'Estouteville gab dem Bischof nach, und am 27. Juni 1459 stand Tabarie unter der Folter des bischöflichen Gefängnisses. Man erkannte bald, daß Tabarie keine Schlüsselfigur der Verbrecherwelt der »Coquille« darstellte, und ließ ihn nach Hinterlegung einer Kaution laufen. Die Feme der »Coquille« spürte ihn auf; 1460 befand er sich nicht mehr unter den Lebenden. Aber die Namen von Villon, Petit-Jehan, Dom Nicholas und Cayeux waren nun aktennotorisch erfaßt. Man hatte Zeit. Eines Tages würden diese Diebe schon in die Netze der Geistlichkeit fallen.

VII

François Villon war so klug zu wissen, daß ein Gnadengesuch vollkommen zwecklos war. Aber wie untertauchen? Zuerst einmal heraus aus Orléans. Es wäre glatter Selbstmord gewesen, auch nur eine Stunde noch zu bleiben. Die Coquille hatte vorgesorgt und ihm einen anderen, glaubhaften Namen gegeben und steckte ihm nun, Gott sei Dank, die entsprechenden Papiere in die Tasche. Jetzt aber weiter nichts als schnell weg von hier! Und immer, wenn der Sturz in die tiefste Tiefe ihm bevorstand, wurde er sanft nach oben gehoben. Monatelang trieb er sich jedoch vorerst in den einsamen Wäldern herum, bis er auf eine Jagdgesellschaft stieß. Weil bei den Hundeführern gerade eine Stelle frei war, nahm er sie an und kam, es ist kaum zu glauben, aber historisch belegt, an den Hof des Herzogs Karl von Orléans, eines Lyrikers von Leidenschaft und Geltung. Es dauerte gar nicht lange und er sang wieder zur Laute, wenn man faul unter den Apfelbäumen lag, und präsentierte mit seinen prächtigen Versen gleichzeitig seine Geschichte. Der Herzog besah sich von allen Seiten genau den Villon, sagte gar nichts, sondern lachte nur unbändig. Er war froh, diesen verflixten Kerl an seinem Hofe zu haben, er konnte ihn gegen die vertrottelten Hofdichter des Königs ausspielen und seiner Geliebten jeden Tag eine neue Liebesballade dichten lassen. Villon wurde also gegen einen festen, wenn auch kleinen Sold zum Leib- und Kammerpoeten ernannt. In dem feuerroten Samtrock, den er jetzt trug, sah er wieder ganz manierlich aus. Er fand sich sehr schnell in dieser Umgebung zurecht, das heißt er tat, was er wollte, ging dorthin, wo es ihm beliebte. Am Hof gab es noch mehr Poeten. Herzog Karl stellte ein Thema, und die Dichter mußten daraus etwas machen. Die beste Arbeit nahm der Herzog Karl in seine Sammlung, die den Titel »La Valliere« trug, auf. Sie wurde kunstvoll von den Hofschreibern illuminiert und galt als unsterblich. Welche Gedichte in dieser Sammlung Villon verfaßt hat, wissen wir nicht. Eines ist sicher, weil Villon selbst davon eine Abschrift anfertigte. Das Thema, das der Herzog zur »poetischen Verarbeitung« stellte, hieß: »Ich sterbe vor Durst in der Nähe einer Quelle.« Was Villon daraus machte, lesen wir in der »Ballade von den Vogelfreien« nach. Das waren einmal ganz andere Töne an diesem Dichterhof. Irgend etwas Verwandtes im Innern mußte den Herzog angerührt haben. Villon war fortan seiner besonderen Gunst gewiß.

An allen Festlichkeiten am herzoglichen Hof in Blois nahm er von nun an teil, die Geburt einer Tochter des Herzogs war eines der bemerkenswertesten Ereignisse. Alles, was Rang und Namen hatte, die hohe Geistlichkeit und der alte Adel erschien. Aber keiner vermutete den gesuchten Villon in diesem illustren Kreis. Das gab ihm wieder Mut, sein Mundwerk formte spitze Reden, und nicht lange dauerte es, da hatte er das ganze Pack der Verseschmiede wieder gegen sich. Dabei hatte er sich doch Mühe gegeben, nicht aufzufallen. Als Bettler, zerlumpt und zerrissen, war er in diese Gesellschaft gekommen, nun als gutaussehender Edelmann, wohlgenährt und sauber gekleidet, mußte er wieder durch die Hintertür das Weite suchen.

Es gab aber noch einen Dichterhof. Und da wollte er jetzt hin. Zum Herzog Jehan Bourbon, der in der Bourbonnais in Moulins seine Residenz hatte. Auf diesem Weg mußte er auch die Stadt Bourges passieren, länger als nötig blieb er, tauchten doch die Erinnerungen an Jacques Coeur auf, dem er einmal nachzueifern wünschte. Ein Sohn Coeurs residierte hier als Erzbischof, allen Widerständen zum Trotz hatte er sich halten können. In irgendeiner Gasse erkannten ihn die zwei Brüder Jehan und François Perdrier. Die beiden waren aus Paris gekommen, weil der König in der Stadt erwartet wurde und hier die beste Gelegenheit war, Bittgesuche um ein Amt anzubringen. Einer der Brüder wollte seine Kochkunst zur Verfügung stellen und Hofkoch werden. Diese Brüder waren gemein und hinterhältig, so jedenfalls nur kannte sie Villon, und kaum ein paar Stunden nach diesem Zusammentreffen wurde Villon auch prompt verhaftet. Nun saß er im Loch, nicht etwa wegen seiner Pariser Affäre, die war für das hiesige Gericht absolut uninteressant. Man warf Villon vor, er hätte in Bourges zwei goldene Altarkelche aus einer Kirche gestohlen. Der Einbruch passierte kurz zuvor, doch war Villon zu dieser Zeit noch gar nicht in Bourges. Sein Alibi nutzte nichts, er wurde schrecklich gefoltert, damit er sich trotz seiner Unschuld schuldig bekenne. Man brauchte einen Sündenbock, und das war er. Villon überstand alle Foltern und Torturen und mußte freigelassen werden.

Diese Gemeinheit schrie nach Rache, und Villon schrieb in der Art eines Rezeptes »Die Ballade von den Lästerzungen«. Damit ging er vor den Gasthof, in dem die Brüder wohnten, und sang zur Laute diese Ballade. In allen Häusern dieser entlegenen Gasse lagen die Zuhörer in den Fenstern. Jeder Vers wurde von schallendem Gelächter und Beifall begleitet. Ein Pariser Coquillarde, wie Villon einer war, konnte schimpfen wie kaum ein anderer Franzose. Lärmende Zuhörer füllten die Gassen, der Spaß war geglückt, die Brüder Perdrier verkrochen sich im äußersten Winkel des Hauses, und als die Polizei, angelockt von dem Gejohle, erschien, verschwand Villon.

Seine Waffen, das waren seine Verse, immer deutlicher erkannte er diese seine Stärke. Von jenem Zeitpunkt ab fand Villon seine eigentliche Berufung. Er verfaßte rasch ein Gedicht, in dem sein Wunsch nach Geld deutlich zum Ausdruck kommt. Es ist beinahe ein richtiger Bettelbrief, nachzulesen: »Ballade an den Herzog von Burgund.« Nach tagelanger Wanderung findet er den Weg nach Moulins, gibt sein neues Werk ab und erhält 6 Goldkronen zum Geschenk. Der Herzog ist aufmerksam geworden und läßt Villon gelegentlich etwas zukommen, aber zu einem festen Poetendienst bei Hofe kommt es nicht mehr. Die Burg des Herzogs Jehan II. von Bourbon ist ein Prachtstück frühmittelalterlicher Baukunst, mit wehrhaften Türmen, dicken Mauern, Zugbrücken und tiefen Wassergräben. Jehan II. ist ein enorm reicher Mann und von brennendem Ehrgeiz besessen, auch als großer Dichterfürst anerkannt zu werden wie Karl von Orléans. So sammelt er ebenfalls eine ganze Meute von Dichterlingen an seinem Hof und macht von sich reden.

Während man bei Karl von Orléans noch echte Töne und sprachliches Können spürt, ist derartiges bei Jehan Bourbon nicht zu finden. Er ist und bleibt in seinen Ergüssen ein moralisierender, belehrender Landesherr. Seine Dichterlinge dürfen sich nicht hervortun, auch im Reimeschmieden will er der Souverän sein. Er wünscht nicht übertroffen zu werden. Villon hat das begriffen und paßt sich an. Ihm ist es jetzt wichtig, ein Dach über dem Kopf zu haben und ein warmes Lager. Er spielt bei gelegentlichen Gelagen und Festen den Hofnarren, den der Herzog gerade braucht (den Dichter nimmt er gratis und franco mit in Kauf).

Dieser neuen Rolle fühlt Villon sich aber nicht auf die Dauer gewachsen. Wenn sein bissiger Spott aus ihm herausbricht, dann sind der Herzog und sein Hofstaat heftig schockiert. Jehan II.

sieht sich die Sache eine Weile mit an, eines Tages setzt er den Vagabunden einfach vor die Tür.

VIII

Wie schon oft in seinem Leben liegt Villon auf der Landstraße. Jahre sind bereits vergangen, seit er vom warmen Herd im Haus am »Roten Tor« geflohen ist. Das Schicksal verbraucht Kräfte und zehrt am Körper. Kaum ist ein Monat vergangen, da ist der Magister Villon wieder ein zerrissener, zerlumpter Vagabund. Wenn die Coquille nicht wäre, er hätte längst im Straßengraben ein Ende gefunden, doch die Muschelbrüder sorgen sich immer wieder hilfreich um ihn. Es gilt als sicher, daß Villon sich auch an kleinen Raubzügen der Coquille beteiligt und dadurch immer wieder das Vertrauen seiner Freunde erwirbt. Heute ist es vielleicht der Raub auf die Kasse eines Handelsherren, morgen der Überfall auf einen Warentransport. Mal liegt Villon untätig in einer Taverne oder in einem Dorfgasthaus herum, dann wandert er Tage und Nächte durch dichte Wälder, über Wiesen und Felder. Ob Schnee und Eis, Herbstwind oder Frühjahrsstürme seinen Körper durchschütteln, immer ist Villon unterwegs, nie weicht die Angst von ihm. Was nützt es, wenn er auf seinem Leidensweg die Menschen besser kennenlernt als je ein anderer vor ihm in dieser Zeit. Er hat reisende Ärzte zu Weggenossen, er trifft Diebe und Gaukler, der ganze Unrat der Straße ist mit ihm.

Glücklich ist er, wenn eine größere Stadt in sein Blickfeld kommt. Er sollte sie meiden, aber magisch zieht es ihn immer wieder durch die Stadttore. So steht er plötzlich erneut vor Orléans. Die Stadt der Jeanne d'Arc darf er wiedersehen.

Die Coquillarden freuen sich, diesen prominenten Gast, der er immer noch ist, bei sich zu haben. Der Maître Villon, wie er nun in den Kreisen der Muschelbrüder genannt wird, ist inzwischen zu einer legendären Figur geworden. Seine Ballade von den Lästerzungen und manche andere haben den Weg bis hierher gefunden. Man pflegt und umhegt den Maître Villon, denn die Coquille hier in Orléans ist wohlhabend. Diesen Dichter kann man hier auch gebrauchen, warum soll dieser Maître Villon wie ein Hund nach den Knochen von den Tafeln der Fürsten schnappen. Villon lernt die Gaunersprache der Coquilles genau kennen, zur Perfektion entwickelt verwendet er sie in seinen Gedichten, die er allabendlich vorträgt und zur Laute begleitet. Von diesen Schöpfungen sind uns leider nur sieben Balladen erhalten, die in die erste Sammlung des Schaffens von Villon aufgenommen wurden. Diese Argot-Balladen geben uns erst das abgerundete Bild des Coquillarden Villon. Sie mußten im Diebesjargon abgefaßt und für Außenstehende unverständlich sein. Villon wäre sonst sofort von der Obrigkeit als Coquillard erkannt worden. Man hätte die ganze Gesellschaft der Muschelbrüder in Orléans leicht fassen können. Hier in den Balladen finden wir die Namen seiner Freunde wieder. Der Jean, der Jacques, der Nichola in der Ballade von den drei Landstreichern sind uns vom Einbruch in das Kollegium von Navarra bekannt. Hierher gehört auch die Räuberballade vom roten Coquillard und die Bettelballade für meinen armen Bruder Jean Cotart. Die Ballade von einem netten kleinen Barbier ist auch in Orléans verfaßt und dem Barbier am Anfang seiner ersten Wanderung in dem Dorf Bourg-la-Reine gewidmet. Die kleine Räuberballade von den drei Coquillards ist in der Urfassung ebenfalls im Argot der Coquillards geschrieben.

Villon fühlt sich in Orléans wieder gesund und munter. Vielleicht hat er von hier aus auch an einem Raubzug teilgenommen. Jedenfalls finden wir ihn im frühen Sommer des Jahres 1460 in Ketten angeschmiedet im Gefängnis des Herzogtums Orléans. Gerichtsakten finden sich nicht darüber, also muß es ein Bandendiebstahl gewesen sein. Es ist aber durchaus möglich, daß Villon zu dieser Zeit noch seinen falschen Namen führte. Eine gefährliche Sache, in der er steckte. Auf Bandenraub stand lebenslängliche Strafe, unter Umständen sogar der Tod durch den Galgen. Villon sah seine letzte Stunde gekommen, da neigte sich wieder die Waage des Schicksals zu seinen Gunsten.

Am 14. Juli 1460 besucht Karl von Orléans, der Dichterfürst, an dessen Tafel Villon einst gespeist hatte, mit seiner dreijährigen Tochter die Stadt. Der Landesherr sollte festlich im Blumenschmuck und unter Glockengeläut empfangen werden. Die Armen und Gebrechlichen sollten auf dem Marktplatz gespeist und – welche Wendung für Villon! – sämtliche Gefangene der Stadt amnestiert werden. Als dem angeschmiedeten Villon die Ketten gelöst wurden, als er das Licht der Außenwelt erblickte, den Jubel der Menschenmenge wahrnahm, bunte Teppichpracht an den Fenstern sah, Te-deum-Gesänge an sein Ohr drangen, da fiel der hartgesottene Maître Villon zu Boden und dankte Gott und dem Schicksal für seine Befreiung. Er eilte in seine Herberge und verfaßte ein Gedicht zu Ehren der dreijährigen Fürstentochter. Eine Gelegenheitsdichtung, ganz im Stile der Zeit, schwülstig, mit bukolischen Zitaten aus Virgil, aus den Psalmen und anderen lateinischen Klassikern. Eine Arbeit, die von gründlicher Bildung zeugt, von unwahrscheinlicher Schmeichelei aber überströmt. Dieses »Epistre a Marie d'Orléans«, wie es benannt wurde, schrieb Villon mit knurrendem Magen, zerfetzte Kleidung am Leib, in der Hoffnung, sich einige Goldstücke einzuhandeln.

Die Spekulation war richtig. Dieser überschwengliche Ton in dem Gedicht traf genau die Stimmung des großzügigen Landesherren. Der wußte natürlich sofort, daß Villon der Verfasser war. Er holte ihn nicht noch einmal nach Blois, aber eine größere Summe dürfte der Maître doch bekommen haben. Villon kleidete sich wieder anständig ein und arbeitete an der Aufzeichnung seiner Gedichte.

Der Winter kam ins Land. Nein, nur nicht jetzt wieder hinaus auf die Landstraße! Villon wollte frei sein wie ein Vogel und auf dem Ast singen, den er sich selbst aussuchte. Auf die Dauer behagte ihm das Kammerpoeten-Dasein bei der Coquille nicht und immer bis in die sinkende Nacht den Allein-Unterhalter zu machen. Wenn die Bäume wieder Blüten schneien, dann wird es Zeit für ihn sein, wieder aufzubrechen. So geschah es auch, daß er ohne einen äußeren Grund, bei Nacht und Nebel, die Herberge in Orléans verließ. Die Coquille war in seine Pläne nicht eingeweiht. Regen verwischte seine Spur. Ein neuer Stern hatte ihn entflammt. Im Herbst des Vorjahres war er auf die Spur einer entzückenden Landedelfrau geraten. Er ritt zwei Tage und Nächte durch dichten Buchenwald und fiel seiner neuen Eroberung in die Arme.

Das Fräulein Helaine d'Estienne hauste in einem sehr baufälligen Schloß, in den Möbeln hustete der Wurm, von den Wänden hing die Seide in Fetzen herunter und der Weinkeller war seit Jahr und Tag radikal ausgeräumt. Villon liebte diese Dame, die übrigens eine Nichte der Königin war, überaus. Die unkönigliche Armut ihres Daseins stachelte ihn an, und er beschloß, mit den Mitteln jener Reichen, die nicht wissen, wieviel sie eigentlich besitzen, die Ruine wieder wohnbar zu machen. Er bewaffnete die Bauern der Umgebung, machte ein paar kühne Züge in die Ferne und hatte nach sechs Wochen den gräflichen Sitz soweit renoviert, daß man ohne Not sogar den König empfangen und bewirten konnte. Die beiden Verliebten dachten aber einstweilen noch nicht daran, dekorative Gesellschaften zu geben, sondern gaben sich ihren animalischen Trieben mit einer wahren Besessenheit hin. Seltsamerweise hatte aber das Fräulein dem Meister Villon verschwiegen, daß sie auch mit dem Bischof von Orléans, Thibault d'Aussigny, ein kleines Schäferverhältnis hatte. Die Zeit der jungen, grünen Liebe war zwar bei dem hohen geistlichen Herrn längst vorbei, aber so alle zwei bis drei Monate mußte Fräulein Helaine den Tribut doch noch entrichten, und als sie in der Rage mit dem viel netteren François den Termin einmal versäumte, schickte der geistliche Herr einen sehr energischen Mahner. Jetzt platzte die Bombe, Helaine jammerte und der Meister Villon tobte. Nicht, weil das Fräulein etwas, was ihn im Grunde nicht stachelte, zu spät an die Glocke gehängt hatte, sondern er ärgerte sich über den fleischhungrigen Bischof und diesen ungeschliffenen Boten. Er brannte ihm kurzerhand ein obszönes Zeichen in die Stirn, steckte ihm ein Spottgedicht in die Satteltasche und machte dem Gaul Feuer unter die Beine.

Nach kaum vierundzwanzig Stunden erschien der also herausgeforderte Kirchenfürst an der Spitze einer Schwadron schwarzer Reiter und holte Villon aus dem Bett. Es lockte ihn, diesem seltsamen Raubvogel die stolzen Flügelfedern zu rupfen. Wie kann ein Gesuchter wie Villon auch noch mit seinem Namen Spottverse unterzeichnen! Eine solche Frechheit hatte der geistliche Herr in seinem ganzen Leben noch nicht erlebt.

Villon zerschlug sein Schwert auf einem Dutzend Reiterschädel, unterlag der Übermacht, und da behing man ihn fix mit einem halben Zentner Eisen und sperrte ihn in das dunkelste Loch des bischöflichen Kerkers von Meúng-sur-Loire. Das war anno 1461.

Ein Interventionsversuch des schnell verständigten Herzogs hatte nicht den geringsten Erfolg, noch weniger der Befreiungsversuch der Bauern im Verein mit einer Bande der »Coquille«.

Villon schwitzte unter der Kettenlast Blut und Wasser und magerte zum Skelett herunter. Das hier war die Hölle. Gefängnisse hatte Villon schon kennengelernt, aber ein so dreckiges Loch bisher noch nicht. Er war wieder mit Ketten an die Wand geschmiedet. Fauliges Stroh stank zu ihm herauf. Der Essentrog, den man zu ihm herunterließ, enthielt verschimmeltes Brot und das Wasser war wie grünliche Jauche.

Villon wußte nur zu gut, was ihm in den Händen eines geistlichen Gerichts blühte. Der Bischof Thibault d'Aussigny war ein sehr gründlicher Gerichtsherr, über alle Dinge des Villon bestens orientiert.

Villon bekam den Eindruck, daß man bereits seit seinem Eintreffen in Orléans am Zusammentragen seiner Missetaten gearbeitet habe. Vielleicht war er zu früh aus dem Netz entwichen, nun aber war der Fisch doch eingefangen. Dreimal wurde er im Korb nach oben gezogen zur Vernehmung. Was ihm alles zur Last gelegt wurde, war einfach unglaublich. Nein, so weit war er noch nicht gesunken. Doch eins erkannte er mit Sicherheit, dies Abenteuer würde ihn an den Galgen bringen. Bei einer der Verhandlungen war auch der Bischof anwesend. Ein steinalter, würdiger Herr, seine echte Geistigkeit hinter einer finster daherblickenden Maske versteckt. Villon läßt sich nicht täuschen.

Vor diesem Mann findet er keine Gnade. Das ist ein echter Diener der Kirche, der ihm, dem Feind Gottes, keine Chance geben wird. Er zweifelt auch jetzt daran, daß dieser alte Mann jemals ernsthaft Ansprüche an das Fräulein Helaine gestellt haben soll. Nein, er ist in eine Falle gegangen, mit seinem Kopf in der Schlinge muß er zahlen.

Man sagt, das Glück kommt nur einmal zu jedem Menschen, und darum rechnet Villon auch nicht mehr mit einer Wende. Als das barbarische Gefecht zwischen dem Ankläger und Villon tobte, des Meisters Kopf nur noch an einem Zwirnsfaden hing, da hatte Gott noch ein zweites Mal Mitleid mit ihm und veranlaßte, daß Ludwig XI. sich zum König krönen ließ. Jede Stadt, die der König besuchte, erließ eine Amnestie für ihre Gefangenen nach altem Gesetz. Und ausgerechnet nach dem Besuch von Orléans erschien auch der König als Gast bei dem greisen Bischof von Meúng-sur-Loire.

Villon war wieder einmal frei, aber so schwach, daß er die Stadt des Grauens nicht sofort verlassen konnte und bei einem Roßtäuscher Unterkunft fand. Dieser brave Mann brachte Meister Villon verhältnismäßig schnell auf die Beine. Er hatte einen vorzüglichen Landwein im Keller, hielt sich einen großen Hühnerhof und pflegte auch einen ungenierten Umgang mit den hübschesten Mädchen aus den Bürgerhäusern. So kam Villon langsam wieder auf die Beine.

Villon hatte sich eine Laute zu verschaffen gewußt, und was er in den nebligen Herbstnächten zum besten gab, das hatte noch niemand von den braven Bürgern zuvor gehört. Alles, was in ihrem ungesunden Blut als eine Traumerscheinung, eine unerklärliche Spannung oder schamhafte Freude wütete, das setzte dieser sonderbare Vagant in einen tagfrohen Ausdruck des äußeren Lebens um und machte das Erlebnis der nahen Wirklichkeit zu einem wesentlichen Geschenk. Seine Zuhörer sahen in ihm, der ihre Stumpfheit auflockerte, ihren Gesichtswinkel verbreiterte und vor allem ihr Blut entkalkte und entsäuerte, den Verkünder eines neuen Lebensgefühls und besseren Menschentums, den Mitbruder einer wahren Brüderlichkeit. Es wollte auch nicht in ihren Sinn hinein, daß solch ein aufgeräumter Kopf von der Obrigkeit gejagt wurde wie ein Steppenwolf. Sie boten ihm Haus und lebenslängliches Taschengeld. Er winkte ab. Ihn lockte Paris, unwiderstehlich. Er hatte Sehnsucht nach dieser großen Stadt, nach Pater Guillaume, dem »Roten Tor«, seiner stillen Studierstube. Wer so den Kopf in der Schlinge gehabt hatte wie er, der glaubt Gottes Hand über sich zu spüren. Der gütige Pater Guillaume wird ihm helfen, zu Gott zurückzufinden. Der Roßtäuscher bekam große Lust, in Maître Villons Dienste zu treten, und als Villon solchem Wunsch sein Ohr nicht verschloß, diese Möglichkeit offenließ und vielmehr froh war, daß ihn jemand, auf den er sich verlassen konnte, durch die gefährlichen Wälder in die Hauptstadt begleiten wollte, rüstete er zur Abfahrt. An einem nebligen Septembermorgen setzte sich die kleine Karawane in Bewegung.

Paris erwachte in einen neuen Tag hinein, als der Maître die Zollschranken passierte. Villon machte sich auf zum »Roten Tor«, zu Pater Guillaume. Der Roßtäuscher spannte in einem Gasthof aus und wartete drei volle Tage auf Villons Rückkehr. So war es verabredet.

Als Villon nicht erschien, wußte er, daß dieser heimgefunden hatte; er spannte an und trabte zurück, dahin, von wo er kam.

IX

Pater Guillaume war ein wahrhafter Christ. Er nahm die Geschichte aus der Bibel »Vom verlorenen Sohn« ernst und wörtlich. Als er seinen François so zerfetzt und abgeschabt im Bettlerkleid vor sich sah, schloß er ihn in die Arme, und aller Groll, den er mit sich herumgetragen hatte, war verflogen.

Villon ordnet sich mehr als willig den Wünschen seines Pflegevaters unter. Wichtig ist, er darf das Haus nicht verlassen und muß eine Bittschrift an den König verfassen. Fünf Jahre sind seit dem Einbruch in dem Collegium von Navarra vergangen. Es konnte leicht möglich sein, daß die Amnestie verworfen und Villon an Ort und Stelle verhaftet wurde. Unbekannt, wie er kam, sollte er auch leben. Leben wie ein Gefangener. Aus keinem Fenster darf er bei Tag hinaussehen. Doch wenn die Dämmerung sich über die Stadt senkt, reißt er das Fenster auf und atmet die Pariser Luft in die Lungen. Das Rufen und Fluchen der Fischhändler, der Redeschwall der Weinhändler, das verführerische Brodeln der großen Stadt dringt an sein Ohr. Nach dem Angelusläuten von Notre Dame wird es ruhig auf den Straßen. Hier und da flammt eine Öllampe auf oder Kerzenschein durchdringt das Abenddunkel. Er bebt vor Verlangen, die Stätten seiner jugendlichen Amouren aufzusuchen. Er hat Sehnsucht nach der dicken Margot, nach der schönen Yssabeau, er möchte auch wissen, wie es der treulosen Catherine geht. Alle Mädchen, die er besessen hat, stehen vor seinen Augen. Er kennt nicht einmal mehr ihre Namen. Nur raus hier, denkt er. Aber ein amtlicher Ausrufer mahnt ihn mit Trommelwirbel an die Wirklichkeit. Nur keine Dummheiten machen. Vorsicht ist jetzt das halbe Leben. Er steht immer noch am offenen Fenster, die Nacht deckt seine Sehnsüchte zu. Der Wächter ruft die letzte Stunde des Tages aus. Das Haus »Rotes Tor« hat inzwischen einen neuen Bewohner bekommen. Pater Guillaume, der fest davon überzeugt war, daß François nicht mehr lebe, hat seinen Neffen Jehan Flastier zu sich genommen. Wie das Verhältnis der beiden zueinander war, wissen wir nicht, aber die Güte des Pater Guillaume hat sicher alle aufkommenden Möglichkeiten verhindert.

François sitzt an seinem Arbeitstisch und schreibt. Schreibt noch einmal seine »Lais«, er will jetzt nicht nur Abrechnung mit seiner Umwelt halten, sondern auch eine echte Lebensbeichte ablegen. Villon ist reifer geworden. Er sieht deutlicher als je, was er falsch gemacht bei seinem zügellosen Ritt durchs Leben. Er vergleicht und überarbeitet seine älteren Balladen und Lieder, und das »Große Testament«, wie die Sammlung später heißen wird, wächst und wird umfangreicher.

Die Zeit vergeht, und immer noch kein Ergebnis der Bittschrift an den König. Pater Guillaume entschließt sich, die Wartezeit für seinen Schützling abwechslungsreicher zu machen, vielleicht fürchtet er auch, daß François doch weich wird und einen heimlichen Besuch in die große Stadt wagt. Kurz entschlossen fahren sie auf das Weingut des Paters in Sens. Der Pater Guillaume hat hier als Gutsherr seine eigene Gerichtsbarkeit. Niemand darf es wagen, hier einzudringen. Villon hat das größte Maß an Sicherheit. Doch die Vorsicht mahnt ihn, auch hier in strenger Klausur zu leben. Frei zu sein und doch nicht fliehen zu können, das ist nicht das, was Villon sich erträumt hat vom Lande. Kein Mädchen kreuzt seine einsamen abendlichen Wege, der Trübsinn ist sein einziger Gast. Er hustet, ist krank. Er denkt an seinen Tod und schreibt sich selbst den Epitaph. Da endlich erreicht ihn die Begnadigungsschrift des Königs. »Neugeboren« ist er jetzt und eilt froh nach Paris zurück. Ein festliches Mahl erwartet ihn im Haus »Rotes Tor«, der Domherr hat Freunde Villons zur Tafel geladen.

Was wird François Villon nun mit seiner Freiheit machen? Nein, das alte Leben in den Schenken und Tavernen ist vorbei, auch die Coquille meidet er. Von Gasse zu Gasse durcheilt er die Erinnerungen an die hier verlebten jungen Jahre. Die einstigen Freunde, die Muschelbrüder sind meist tot oder verstreut, haben zum Teil ihr Ende am Galgen gefunden. Die Mädchen haben sich in alle Himmelsrichtungen verlaufen. Ludwig XI. hat aufgeräumt und ein fürchterliches Gericht mit der Unterwelt gehalten. Unerkannt und verkleidet hat er selbst jede anrüchige Spelunke und Taverne durchgekämmt. Der König spricht das Argot der Unterwelt wie ein perfekter Coquillard. Furcht und Schrecken verbreiten seine Aktionen. »König Spinne«, wie er im Volksmund genannt wird, hat Ordnung im Lande geschaffen.

Die »Coquille« löst sich langsam auf und versinkt zur Bedeutungslosigkeit in das Dunkel der Provinz. Langsam gewöhnt sich der »Maître Villon«, als der er jetzt in Paris bekannter wird als je zuvor, an das neue Paris. In den Tavernen sind die Leute an den verräucherten Tischen dankbare Zuhörer seiner Balladen, und die braucht er jetzt in seiner inneren Vereinsamung. Seine Berichte vom anderen Frankreich hören auch die braven Bürger mit Staunen, und das arme Volk hat endlich seinen Anwalt gefunden. Ihre Nöte, ihre Leiden und Qualen hat er in seinen Gedichten so geformt, daß sie alle Gemüter erregen und gleichgestimmte Töne zum Schwingen bringen. Vor der Universität bedrängen ihn die Schreiber und Kopisten, sie haben hier ihren Standort und wollen gerne seine Gedichte abschreiben. Das gibt

Nebenverdienst, denn der Manuskripthandel war zu jener Zeit dasselbe wie heute der Buchhandel. Und Arbeiten vom »Maître Villon« hatten immer ihre Käufer. Auch sein neuverfaßtes »Großes Testament« wird mehrfach abgeschrieben. Ein besonders schön illuminiertes Exemplar kommt an den Hof des Dichterfürsten Karl von Orléans nach Blois. Der kennt ja diesen tollen Kerl und ist gefesselt von der neuen Leistung seines ehemaligen Kammerpoeten. Wenn er auch die Angriffe gegen die hohe Fürstlichkeit als suspekt empfinden muß und die Attacken gegen den geistlichen Stand unmanierlich findet, kann er aber doch das warme Herz und den neuen Ton nicht übersehen. Begeisterung, Zustimmung und Abneigung halten sich in seiner Beurteilung Villons die Waage. Und so schreibt er in das Exemplar dieses selbstverfaßte Rondeau zu Ehren des »Maître Villon«:

»Wer wie er die Schande bis zur Neige hat getrunken,
den schert die Meinung anderer nicht.
Das eigene Leben ist sein Strafgericht,
ist jemand tiefer noch gesunken?

Wenn auf der Straße Spott und Geifer nach ihm spuckt,
ihn rührt kein Lästermaul. Sein Stolz war nie geduckt.
Er beugt sich zärtlich tief am Arm zur Liebsten hin,
ihr gehört sein Herz, für sie allein hat er nur Sinn.

Wer wie er die Schande bis zur Neige hat getrunken,
den schert die Meinung andrer nicht.
Das eigene Leben ist sein Strafgericht,
ist jemand tiefer noch gesunken?

Jedem tollen Streich, jedem Unfug reicht er seine Hand,
ihn freut's, es lacht mit ihm das ganze Land.
Er konnte nicht mal mehr vor Scham erröten,
doch nie gab's einen größren Mann mit solchen Nöten,
der wie er die Schande bis zur Neige hat getrunken.«

Karl von Orléans hatte zu diesem Gedicht die ersten Zeilen des »Großen Testaments« genommen. Wer von den Pariser Mitbürgern kann nun noch zweifeln, daß er mehr ist als der bis dato bekannte Vagabund? Maître Villon ist ein Dichter. Diese gewiß als Anerkennung zu verstehenden Verszeilen des Dichterfürsten, der die »Nachtigall von Frankreich« genannt wurde, verhilft ihm zu Ruhm und Anerkennung. Auch König Ludwig XI. läßt sich die gesamten Dichtungen des Maître Villon von seinen Hofschreibern und Malern abschreiben und illustrieren, dabei hatte er schon einige Balladen Villons von dem reichen Edelmann Louis Malet de Graville dediziert bekommen. Das Leben Villons könnte zu diesem Zeitpunkt in einen friedlichen »Herbst« auslaufen. Der »Maître« ist krank, das Gejagtwerden, die Zeiten der Haft haben seine Gesundheit untergraben. Wenn er auch noch kein gebrochener Mann ist, das Karussell seines Lebens vermindert nicht um ein kleines die Fahrt.

X

Im November wird er plötzlich erneut verhaftet. Diesmal vom geistlichen Gericht des Bischofs von Paris. Wer sich einmal in dem damaligen Gestrüpp der Paragraphen dieser Justiz verfangen hatte, für den war es schwer, herauszukommen.

Genauso wie das Châtelet in Paris der General-Remission des Königs in Meúng sehr skeptisch gegenübergestanden hatte, als Villon buchstäblich in letzter Minute vom Galgen befreit wurde, der ihm vom Bischof Thibault zugedacht war, so meldete nun das geistliche Gericht seine Ansprüche an, übrigens aus derselben Sache.

Villon hatte natürlich auch viele Feinde, besonders in Kreisen der Geistlichkeit und der Universität. Man wollte diesen abtrünnigen Magister unbedingt und mit allen Mitteln erledigen. Vielleicht hatte auch der Bischof Thibault, der von Villon im Großen Testament an erster Stelle so boshaft bedacht wird, seine Hand im Spiel, er verfügte ja über ein gut sortiertes Anklagematerial; jedenfalls das berühmte »Haar in der Suppe« wurde gesucht und gefunden.

François Villon, Magister artium der Pariser Universität, wurde nach einem Einbruch in das Kollegium von Navarra (versehentlich) nicht relegiert, ein »Concilium abiudico« fand nicht statt. Seiner damaligen Verpflichtung gemäß war er immer noch Mitglied der Universität und unterstand somit der geistlichen Gerichtsbarkeit.

In ein Strafgefängnis konnte man ihn nicht stecken, aber eine Zivilklage anberaumen und ihn in den Schuldturm setzen, das war möglich. Letzteres wurde auch gegen Protest und Eingaben des Paters Guillaume durchgeführt. Nach langem Hin und Her bewährte sich der Pater Guillaume wieder einmal als Retter und es kam eine Einigung zustande. Der Anteil der Beute Villons bei dem Einbruch betrug 122 Kronen, das war aktennotorisch. Diese Summe hatte Pater Guillaume zu ersetzen. Da der Betrag immerhin nicht unbedeutend war zu damaliger Zeit, so wurde ein Vertrag geschlossen, der eine Teilzahlung bestimmte. Pater

Guillaume mußte in den sauren Apfel beißen, wollte er die auch für ihn unangenehme Sache nicht breittreten lassen.

Der »Maître Villon« sitzt wieder in seinem Studierzimmer im »Roten Tor«. Tiefsinnig, von Zweifeln zerquält, starrt er vor sich hin. Sollte er sein ganzes Leben der geprügelte Hund sein? Gott war so gnädig, ihm zweimal das Leben zu retten, aus dem Gefängnis hatte er ihn geholt, vom Galgen geknüpft, aber wozu, warum dies alles? Auf seine Fragen gibt es keine Antwort.

Villon schwankt zwischen Tagen asketischer Frömmigkeit und wilden Ausschweifungen. Zerknirscht liegt er im Gebet vor dem Hochaltar von Benoît-le-Betourné, als Chorknabe hat er hier zu Gott gefunden, jetzt aber – jetzt ruft er ihn an und will heraus aus der ständigen Bedrängnis durch sein Schicksal. Der Husten schüttelt seinen geschwächten Körper. Apathisch nimmt er das Leben seiner Umwelt auf, – aber zeitweilig erwacht wieder der tolle Magister in ihm, der trunkene Vagabund rast durch die Pariser Tavernen, mit Gleichgesinnten wird gesoffen, gejubelt und randaliert. Die Obrigkeit hat keinen Grund einzuschreiten, alles bewegt sich in den Grenzen des Erlaubten, aber mißtrauisch beobachtet das Châtelet den Villon.

XI

An einem regnerischen Novembertag des Jahres 1462 war Villon zu einem Abendessen in der Rue de Parcheminiers eingeladen. Gastgeber war ein Mann namens Robert Dogis, weiterer Gast Roger Pichart, Schreiber an der Universität, und ein Angehöriger der Pariser Polizei Hutin des Moustier, der früher einmal

Mitglied der Coquille gewesen war. Man hatte gegessen und getrunken, war fröhlich und guter Stimmung. Villon sollte aus seinen letzten Gedichten vorlesen, und zu diesem Zweck brach man lange nach dem Angelusläuten zum »Roten Tor« auf. Ruhig, in sanftes Dunkel gehüllt, lagen Straßen und Gassen vor ihnen. Sie schritten durch die Rue St. Jacques und sahen aus den Fenstern eines Eckhauses grellen Lichtschein dringen. Es war das Haus des Magisters François Ferrebourg, eines der bedeutendsten Notare seiner Zeit. Er arbeitete für König Ludwig, für den Vatikan, besaß hohe Ehrenämter und war eine Persönlichkeit mit langem Arm. Seine mächtige Stimme dröhnte durch die stille Gasse. Er diktierte einem Schreiber eine knifflige Rechtssache; jedes Wort war genau zu verstehen.

Nach dem Angelusläuten, so war es damals Gesetz, durfte in keiner Amtsstube, in keiner Werkstatt mehr gearbeitet werden. Der Feierabend mußte streng eingehalten werden. Verstöße wurden mit hohen Strafen belegt. Vielleicht wäre es niemandem aufgefallen, daß hier so spät noch gearbeitet wurde, doch um die frische Abendluft nach dem Regen zu genießen, hatte man die Fenster geöffnet! Pichart kletterte auf die Schultern Villons und rief durch das Fenster: »Hallo, welche Schandbuben kratzen denn hier mit ihren Federn so spät am Abend auf dem schönen sauberen Papier herum? Aufhören, Ihr Feierabendschänder!« und spuckte in das Zimmer. Im Handumdrehen war eine wilde Schlägerei im Gange. Vier Schreiber des François Ferrebourg stürzten sich auf die drei Freunde. Im Handgemenge griffen sich die Schreiber den Polizeisergeanten Hutin und verprügelten ihn jämmerlich. Da eilte sogar der Magister Ferrebourg herbei und geradenwegs fiel ihm Robert Dogis in die Hände, den er sogleich mit zornigen Fäusten bearbeitete. Dogis wehrte sich und stach mit einem Dolch nach Ferrebourg. Obwohl nur unwesentlich verletzt, schrie dieser in die Nacht: »Hilfe, Mörder! Mörder!« Und eilends erschien auch die Polizeiwache des Châtelet. Villon und Dogis suchten das Weite, nur der Sergeant Hutin des Moustier, der von den Schreibern gefesselt wurde, mußte den Weg zur Wache antreten. Der Polizeileutnant, der diesen Fall jetzt in den Händen hatte, freute sich, denn es war für ihn ein »gefundenes Fressen«, auf diese Weise den Villon in seine Finger zu bekommen. Villon ahnte nichts Böses; nach dem spätabendlichen Zwischenfall kehrte er ins »Rote Tor« zurück und warf sich müde auf sein Lager. Solche Zusammenstöße waren im nächtlichen Paris unbedeutende, gewöhnliche Angelegenheiten. Am nächsten Morgen aber wurde er aus seinem Bett geholt, zum Châtelet gebracht und dem Polizeileutnant vorgeführt.

Dieser berufsmäßige ›Ordnungsgott‹ hatte es schon lange auf Villon abgesehen. Hier spielten wieder einmal ganz persönliche Dinge eine entscheidende Rolle. Villon hatte mit seinen vielen Frauen immer das merkwürdige Pech, daß sie sich von ihren früheren Liebhabern noch nicht völlig losgesagt hatten. Sie pendelten sozusagen zwischen Tal und Hügel, nahmen von dem einen die Sicherstellung des täglichen Lebens und von dem anderen das Sonntägliche, die nervenkitzelnde Fahrt auf der Luftschaukel.

Und als er eines Tages dem Polizeiherrn die kleine Denise abspenstig machte, da war es für Jenen Zeit, sich zu rächen. Verbrechen hatte Villon genug auf dem Kerbholz. Nur noch keinen gemeinen Mord. Verschaffen wir uns einen, meinte der Polizeileutnant und setzte sich mit dem Notar Ferrebourg zusammen. Der kannte ihn schon lange und war sich klar darüber, daß man ohne Gefahr diesem Burschen etwas anhängen konnte. Wenn es auch kein perfekter Mord war, aber ein Mordanschlag war es auf alle Fälle. Villon war der Messerstecher, das behauptete er nun boshaft.

Der Protokollfälscher war natürlich der Herr Provost selber. Er machte aus der kleinen Geschichte einen versuchten Meuchelmord. Das konnte der öffentliche Ankläger natürlich nicht gut annehmen. Er schickte Villon in ein scharfes Kreuzverhör. Und als Villon seinen Fragen nur ein pfiffiges Lächeln entgegensetzte, dann aber, als es ernster wurde, den Mord ganz entschieden bestritt, mußte er in die Wasserprobe, jene barbarische Folter, von der niemand ohne Geständnis herunterkam. Villon hatte elf Liter Wasser im Leib. In seiner Qual sagte er: »Meinetwegen, ich bin also der Mörder des Herrn Ferrebourg, wenn ihr keinen anderen Bösewicht auf Lager habt!« Villon wußte allerdings nicht, daß Ferrebourg noch prächtig fluchend am Leben war, nur eine kleine Schramme als Andenken konnte er vorzeigen. Daß er ein Mörder sei, hätte Villon nie sagen dürfen. Im Handumdrehen war das Urteil gesprochen. Wegen versuchten, eingestandenen Meuchelmordes an einem Würdenträger des Staates wurde er zum Tode durch Hängen verurteilt.

Villon wird in die Zelle gesperrt, in der er rast und tobt. Er schreit alle Flüche der Unterwelt in die Stille des Châtelet-Gefängnisses und beschimpft die Obrigkeit so unflätig, wie man es hier noch nie gehört hat. Erschöpft fällt er auf sein Strohlager.

Am nächsten Morgen ist er gefaßt und ruhig. Er sieht gelassen seiner Exekution entgegen und schreibt noch schnell die vier nachstehenden Zeilen an seine Zellenwand:

»Ich bin Franzose, was mir gar nicht paßt,
geboren in Paris, das jetzt tief unten liegt;
ich hänge nämlich meterlang von einem Ulmenast
und spür am Hals, wie schwer mein Arsch jetzt wiegt.«

Zum Glück wird das Schauspiel des Hängens für einige Zeit verschoben. Der Richtplatz ist noch nicht verfügbar, da die Bauarbeiten an den Zuschauertribünen noch nicht beendet sind. Pater Guillaume schickt eiligst seinen Hausadvokaten ins Châtelet, um zu retten, was noch zu retten ist. Man ist ausgesprochen boshaft im Falle Villons. Wenn schon die Wasserfolter für ein solches Vergehen nicht zulässig war, so konnte man ihm aber eine Revision des Urteils nicht verweigern. Der Advokat muß alle Register seiner Paragraphenkenntnisse ziehen, um endlich mit Villon über diese Revision überhaupt sprechen zu dürfen.

Villon schlägt eine Appellation an das Parlament vor, welches gerade in diesen Tagen tagt. Eine Revision hätte tage- und wochenlang den Instanzenweg durchlaufen müssen, wenn das Châtelet, in diesem Falle der Herr Provost, die Eingabe überhaupt weitergegeben hätte, was bezweifelt werden muß. Eine Appellation an das Parlament aber, die konnte der Advokat noch am gleichen Tage unterbringen.

Villon ist eiskalt, als er dem Advokaten seine Gründe in die Feder diktiert. Alle Möglichkeiten, die »Hohen Herren des Parlaments« zu beeindrucken, werden erschöpft. Villon hat sogar einige Freunde unter diesen Respektspersonen, er weiß schon, wie er sie anzufassen hat.

In dieser Nacht noch schreibt er die Ballade von den Galgenbrüdern.

Die Ordnungshüter sind überzeugt, daß diesem Vagabunden jetzt endlich das Genick gebrochen wird. Sie glauben nicht an einen Erfolg der Appellation. Und doch, auch hier geschieht das Wunder, Villon bekommt Genugtuung. Am 3. Januar 1463 unterzeichnet ist der Gnadenspruch, der noch bis heute erhalten ist.

»Der Prüfungsausschuß des Parlaments hat den Urteilsspruch des Provosten und seiner Stellvertreter gegen den Appellanten überprüft und die Rechtsgründe, die gegen das Urteil auf ›Erhängen und Erwürgen‹ vorgebracht wurden, als stichhaltig anerkannt. Das voraufgegangene Verfahren und der anschließende Urteilsspruch werden aufgehoben. In Anbetracht aber des schlechten Rufes und Lebenswandels wird besagter Magister François Villon auf zehn Jahre aus der Stadt, der Provostie und der Grafschaft Paris hiermit verbannt.«

Es vergeht aber noch eine ungewöhnlich lange Zeit, bis Villon davon Kenntnis erhält. An einem Frühjahrstag wird er aus seiner Zelle in die Amtsstube des Châtelet geholt und in einer öffentlichen Sitzung wird ihm der »Urteilsspruch des hochherzigen Parlamentsausschusses« verkündet.

Also: regelrechte Verbannung! Zunächst schien es ihm, daß das Henken doch noch vorteilhafter gewesen wäre als dieses traurige Hinaus in die Wälder. Aber es war März und die Pflaumenbäume standen in den Knospen. Er entschied sich für die Verbannung.

Daß nun aber sogleich die Fahrt ins Blaue beginnen sollte, paßte unserem Maître nicht. So ohne Abschied von seinen Freunden, von Paris und ohne einen Cent in der Tasche. Nein, hier mußte etwas getan werden. Er erbat drei Tage Aufschub – und bekam sie. Die Herolde riefen unter Trommelwirbel an allen Straßenkreuzungen der Stadt, an jedem Torausgang der Stadtmauer das Urteil aus und vergaßen nicht das Sprüchlein, daß er unverzüglich einzufangen und dem Châtelet zuzuführen sei, sollte er sich während dieser zehn Jahre noch einmal unerlaubt in der Stadt zeigen. Villon eilte in das Haus »Rotes Tor« und ordnete seine Habseligkeiten. Pater Guillaume ließ sich nicht lumpen und übergab ihm eine ansehnliche Summe. Drei Tage und drei Nächte waren viel zu knapp, um sich von allen zu verabschieden und gute Ratschläge anzuhören. Mit Essen und Trinken und Abschiednehmen verrann die Zeit sehr schnell.

Am frühen Morgen des vierten Tages standen zwei Bogenschützen des Königs vor seiner Tür, ihn zu holen. Mit müden Gliedern taumelte der Maître Villon zwischen den Königsschützen durch die menschenleeren Gassen, stumm, als ginge es zum Galgen. Sie führten ihn bis zu jenem Punkt, an dem die Grafschaft Paris zu Ende war und ein Grenzstein die erste Etappe seiner Verbannung sichtbar machte.

XII

Hilflos taumelte er durch dunkle Wälder. Eines Abends begegnete er einem Getreidetransport, einer langen Kette von Planwagen. Villon sprang kühn auf den ersten. Schon griff der Kutscher zur Peitsche. Villon sagte ihm aber, daß er ihm Märchen erzählen wolle, lustige Schnurren von den Coquillards, von den Tavernen, wo man Liebe kaufen kann, von leichten Pariser Mädchen und lasterhaftem Adelspack.

Das leuchtete dem Kutscher ein. Es war ein weiter Weg bis St. Generoux. Ein weiter Weg bis zur nächsten Herberge. Villon erzählte lustige Schnurren, eine Stunde, zwei Stunden … und schlief jetzt schon die fünfte.

Er mußte hart geschüttelt werden, als man vor der Herberge Rast machte, er wollte auf den Kornsäcken durchaus weiterschlafen. Der Knecht zog ihn aber in die Taverne mit hinein, und nun ließ sich der Meister auch nicht lumpen und bestellte für die ganze Kumpanei eine Lage Wein.

Er klimperte mit den Dukaten, die er in einem Säckchen auf der Brust trug. Man bekam Respekt vor ihm, und als er gar erzählte, daß er der »Maître Villon« sei, da ließen ihn die Kerle hochleben. Sie wußten, was sie ihm schuldig waren, und schimpften wie die Pest auf das Parlament, das dem Meister Villon diesen überaus schoflen Abschied gegeben hatte.

Villon beruhigte sie, indem er das Parlament verteidigte, aber den Provost als den wirklichen Schubiak bezeichnete.

»Seht: dies tolle Herumgehetze in der Stadt hat mir die Haare fast vom Schädel gefressen. Man wird angespannt wie ein Pferd, das die Wassermühle von früh bis spät drehen muß. Ich muß mich wieder einmal richtig ausschlafen, damit ich zu Kräften komme. Damit ich einem kleinen Mädchen die Backen vernünftig streicheln kann. Ich kann nun einmal nicht so verdammt allein sein in der Welt. Ich habe eine Totenangst, wenn alles um mich herum so still ist, wenn kein Vogel zirpt und keine Freudenbecher klirren. Ich träume des Nachts, wenn ich wach in der Klappe liege, von bösen Geistern und glaube, in einem tiefen und weiten Wasser herumzuschwimmen. Das kommt vielleicht von der schrecklichen Folterkammer. Wißt ihr, was das heißt, wenn man so an die elf Liter Wasser in den Leib hineingegossen bekommt? Wenn das öde Zeug wenigstens nach Wein oder Pflaumensaft geschmeckt hätte! Und wenn die Kugel am Bein nicht aus Eisen, sondern ein Kürbis gewesen wäre. Für einen Sack voll Geld hätte man diesen Spaß ja haben können … Aber meine schönen Dukaten waren doch dem Polizeikerl in die Finger gefallen. Das Schwein kann sich jetzt dafür einen Spitzbauch anmästen. Und meine kleine Flamme hat er mir auch noch weggeschnappt. Jetzt habt ihr so eine kleine Kostprobe von meinem Lebenslauf vorgesetzt bekommen. Guten Appetit … und Prost!«

Die junge Frau des steinalten Herbergsvaters, die diese lustigen Gespräche mitangehört hatte, zog den Meister Villon jetzt an ihren Tisch. Sie sagte ganz leise zu ihm: »Du hast ein Gesicht, da ist viel Wind durchgegangen. Auch deine schönen Lieder habe ich schon manchmal zur Laute singen gehört. Du bist ein Teufelskerl. Du könntest eine Weile bei uns hier wohnen bleiben. Ich werde dir die Backen rund füttern. Und bald werden auch wieder die Pflaumenbäume blühen. Es kann sein, daß ich dich lieb habe. Wenn es meinem Alten nicht gefallen sollte, stecken wir ihn in den Keller zu den Runkelrüben!«

Sie gab Villon rasch einen herzhaften Kuß auf den Mund, lief in die Küche und machte ihm ein anständiges Essen zurecht.

Villon dachte: Luder! Dieses Weibsbild hat Anlagen, eine fette, weiße Made aus mir zu machen. Ich werde ihr diese Nacht den Nabel mit der Zunge kitzeln. Und das Parlament und der König von Frankreich … die können mir … sonstwo!

Als die Fuhrleute abzogen, lag Villon bei der schönen Wirtsfrau im Bett. Sie beugte sich oft über sein Gesicht und sah, daß er tieftraurig in seinen Träumen war. Ihr Herz gelobte, sein Blut so froh zu machen, bis es überlaufe und er neue Balladen dichte.

Man weiß nicht, wie lange Villon bei dieser schönen Herbergsfrau gehaust hat. Als seine alten Freunde auf langen Umwegen seine Adresse erfuhren, da war er schon ein gutes Stück in die Welt hinausgewandert.

XIII

Bis hierher läßt sich die Spur von François Villon noch verfolgen. Der weitere Weg ist in Dunkel gehüllt. Es gibt keine Dokumente oder Belege mehr, die Authentisches über sein weiteres Leben oder gar über sein Ende berichten. Die Annahme, daß Villon bereits 1464 gestorben sei, hat vieles für sich. Als nämlich König Ludwig XI. im Jahre 1467 eine Generalamnestie erließ und alle Verbannten zur Rückkehr aufforderte, um das sich immer mehr entvölkernde Paris mit Leben und Menschen zu füllen, ist Villon nicht unter den Heimgekehrten.

Es ist ziemlich ausgeschlossen, daß Villon solche Gelegenheit nicht wahrgenommen hätte und in die Stadt, die er glühend liebte, nicht zurückgekehrt wäre. Villon war seit Jahren lungenkrank, das wußte man. Einen strengen Winter wird er als umherstreunender Vagabund kaum überstanden haben. Die »Coquille«, die ihm hilfreich hätte beistehen können wie in früheren Jahren, gab es nicht mehr. Aber die Legende, die um diesen ungewöhnlichen Mann sich rankt, läßt ihn natürlich noch lange leben. Einige Freunde wollen ihn in Belgien gesehen haben.

Nach einer dieser Legenden soll er bei einem Briefmaler eine Unterkunft gefunden haben, wo er sich sammeln und viel Zeit auf seine Weiterbildung verwenden konnte. Aus dem typischen Augenblicksvielfraß soll ein besinnlicher Lebensbetrachter geworden sein. Aber keine Gedichtzeile aus dieser Zeit ist bekannt geworden; spärliche Briefpost, so heißt es, ging an den Professeur Dubois in Paris, der war der einzige, dem er von diesen beiden Stationen Brüssel und Antwerpen und später auch England geschrieben haben soll. Aber Briefe von Villon sind uns nie bekannt geworden, ebenso ist keine Gedichtzeile, von seiner eigenen Hand geschrieben, jemals entdeckt worden.

Wir wissen auch nicht, ob er schon in Brüssel oder erst in Antwerpen auf die Schauspielertruppe gestoßen ist. Er soll dort vor dem breiten behäbigen Volk den Judas Ischariot in einem Mysterienspiel dargestellt haben. Ob er das Stück auch noch selber verfaßt und inszeniert hat, ist nicht überliefert. Jedenfalls soll er seine Hauptrolle ausgezeichnet gespielt haben.

Und noch von einem anderen Mysterienspiel war die Rede. Hier soll er den Apostel Paulus gespielt haben. In seinem Privatleben aber war er wieder der spannungsvolle, amüsante, ludrige und herrschsüchtige Feuerkopf, der Genußpirat und Frauenbeschwörer. Der Chevalier von Paris.

Eine andere Legende erzählt, daß Villon der Brüderschaft vom Kloster zum Heiligen Gral beigetreten sei. In den Urkunden des Klosters findet sich kein Beweis. Anderen Gerüchten zufolge will man Villon als den großen, weisen Wesir des Sultan Ibram Ali gesehen haben.

Der Welt kann es gleichgültig sein, wo und wie Villon geendet ist, ob in einem morgenländischen Reich oder bei Zigeunern; strichvogelhaft durch Europas nördliche Provinzen ziehend oder gar nicht einmal so weit fort von Paris, Wurm zu Würmern und Mist zu Mist. – Er hat sich unter Menschen bewegt wie kein anderer Mensch mehr. Kein moralisches Gesetz hat er für sich als gültig erachtet, er stellte sich außerhalb jeder Gesellschaftsordnung. Er nahm die Legende von den »Lilien auf dem Felde« wörtlich in seinen Erdenwandel hinüber. So hat er Jahre seines Lebens in Gefängnissen zugebracht und vagabundierend das Land durchzogen. Und schließlich dabei unsterbliche Balladen geschrieben.

XIV

Im Herbst des Jahres 1489 erschien bei Paul Levet in Paris ein schmaler Versband unter dem Titel:

»Le grant testament villon et le petit.

Son codicille. Le jargon et ses balades.«

Wer diese Ausgabe in Wahrheit besorgt hat, ob Antoine Valette oder einer der jüngeren Freunde des Dichters, das läßt sich heute nicht mehr mit Sicherheit feststellen.

Jedenfalls war es nicht der auf dem Titelblatt mit »Villon« bezeichnete Verfasser.

Alles, was von seinem Leben bekannt wurde, habe ich versucht in den vorherigen Abschnitten zu fixieren. Gegen meine früher veröffentlichten Abhandlungen zum Leben des Villon habe ich jetzt wesentliche Erweiterungen gegeben. Einmal hat die historische Forschung gerade in unseren Tagen zu diesem Thema wichtige Beiträge geliefert, manches Dunkel erhellen können und, was mir sehr bedeutend erscheint, stichhaltiges Aktenmateriel ans Tageslicht gebracht. Zum anderen wollte ich mit Mißverständnissen aufräumen, die Villon zu einer amoralischen, asozialen Person machten, die er nie war. Man kann Villon, sein Leben und Dichten, nur begreifen und verstehen, wenn man seine Zeit erkennt und begreift.

Es ist an dieser Stelle mit allem Nachdruck darauf hinzuweisen, daß meine Nachdichtungen nicht für jene mürrischen Philister gedacht sind, die in Villon nicht mehr als den Verfasser von Moritaten und Bänkelliedern sehen. Auch habe ich meine Nachdichtungen und Variationen nicht für zünftige Philologen geschrieben, die ihr Werturteil nur nach wortwörtlicher Übertragung, Zeile für Zeile einrichten, dabei den dichterischen Wert vor lauter Historie und Sprachforschung übersehen.

Gelesen habe ich auch deutsche Villon-Ausgaben, die nach meinem ersten Villon-Band erschienen sind, und über die »Reimereien« herzhaft gelacht; zu mehr hat es nicht gelangt.

Mir ging es allein darum, und nur darum, den Dichter Villon und Menschen so zu interpretieren, als lebe er mitten unter uns, jung, unbeschwert und abenteuerlich, ein wütender Verächter jenes Lebensstils der Menschheit, der aus Firnis besteht. Wie leicht diese konfektionierte Glasur abbröckelt, das zeigten uns in Überdeutlichkeit die beiden Weltkriege.

Die in dem letzten Abschnitt abgedruckten »Lasterhaften Balladen und Lieder« sind zu einem Teil, will man literarhistorisch genau sein, als apokryph zu betrachten, denn sie erschienen etliche Jahre nach der ersten Ausgabe der Werke Villons in einem Sammelband verschiedener, ungenannter Autoren, von welchen man wiederum einige Jahre später den einen oder anderen zu identifizieren glaubte, so den Guillaume Coquillard, Charlot Tharanne, beziehungsweise Jehan de Calais. Es gibt keine unwiderlegbare Gewißheit darüber, ob Villon die bewußten Verse geschrieben hat oder einer der drei anderen genannten Autoren. Tharanne war immerhin ein jüngerer Freund und Zeitgenosse Villons, er wird manche Balladen des Dichters in Abschrift besessen haben.

Es widerstrebte mir, die beiden »Testamente« (oder Vermächtnisse) wortwörtlich und vollständig zu übertragen. Denn ich kann nicht finden, daß seitenlange Aufzählungen von Namen, die für uns heute nicht die mindeste Bedeutung haben, dem dichterischen Werk nützlich sind. In meinen Anmerkungen zum Leben Villons sind alle wichtigen Personen, wie er sie sah und wie sie sich um ihn bewegten, aufgeführt, das sollte genügen, denke ich.

Vom Stilkritischen her betrachtet und an ästhetischen Erwägungen gemessen, hat das Werk des Dichters François Villon keinen Vorläufer innerhalb der »Schönen Literatur« seines Vaterlandes. Ebensowenig hat auch der allgemeine Lebensstil jener Zeit, in welcher Villon sich bewegte, in den Gedichten der Zeitgenossen den Ausdruck gefunden, den der Dichter Villon ihm gab. Wie alle großen schöpferischen Menschen war Villon auf dem Gebiet der Kunst dem Aktionsradius seiner Mit- und Umwelt weit voraus. Der Grundsatz epigonistischer Werthaltungen in der Kunst: »Schön ist, was gefällt«, konnte bei ihm keinerlei Geltung haben, weil er sich zuallererst dem äußeren Phänomen der traditionellen Kunstübung entgegenstellte und solche Produkte als unzeitgemäß entlarvte und den inneren Gehalt samt der dichterischen Form als verschnörkelt brandmarkte. Er schmolz in seinem Gedicht nicht antiquiertes Gut in die Scheidemünze des Tages um, wie es sich zum Beispiel der Meister Jehan Clopinel de Meúng noch leistete, als er den berühmten »Roman der Rose« des Guillaume de Lorris fortsetzte. Von den Mit- und Nachläufern will ich gar nicht sprechen. Alle die Dichter, die vor François Villon waren, ich notiere hier nur die wertvollen seines Sprach- und Lebensbezirkes, die Audefroy le Bastard (1210–1270), Guillaume de Machault (1290–1375) und Eustache Dechamps (1340–1410), bewegten sich noch in den ausgefahrenen Geleisen der Troubadoure und sonstigen provençalischen Sängern. Das soll heißen: Sie empfingen das, was sich in ihrem Hirn (nicht im Innenleben oder gar im Unterbewußtsein) zum Kunstprodukt verdichtete, nicht aus dem Aufruhr des Blutes und von dem entsprechenden Temperament bewegt, sondern sie bogen mit dem auf den »Dichterschulen« geübten Handgelenk den in der oberen gesellschaftlichen Schicht vorhandenen und beliebten Stoffkreis zum kunstgewerblichen Artikel zurecht, ausschließlich für den Bedarf dieser Oberschicht, aber was in ihrer eigenen Zeit geschah, daran gingen sie vorüber, sie sahen es nicht oder wollten es nicht sehen. Was »Unten« vegetierte, war weder des Schreibens noch des Lesens kundig.

Von einer Einfühlung in das Phänomen der Künste war bei dem sogenannten »Volk« auch nicht die Spur vorhanden, von dieser Seite wurden keine Forderungen erhoben. Die Dichter, wie gesagt, befleißigten sich der »Schönheit und der Harmonie« in der Kunst, das heißt: eines Wertziels, das im unendlichen Raum schwebte. Die Dinge aber im Raum und in der Gestalt ihrer unverfälschten Wirklichkeit, also im Gegenwärtigen und Endlichen, zu erfahren und künstlerisch zu gestalten, das stand sogar nach den damals gültigen Gesetzen der Ästhetik unter Acht und Bann und der Begriff »Schmutz und Schund« trieb bereits in jenen Zeiten sein Unwesen, man nannte es dazumal »Vulgärliteratur«. Woraus zu folgern ist, daß die Flucht vor der Wirklichkeit in die Romantik und in die legendäre Historie hinein, nichts mit dem Phänomen der Kunst an sich zu tun hat, sondern mit der inneren Zuständlichkeit und der Begrenzung des Sittlichen im Menschen von Außen.

Eine andere Anschauung von den Dingen, als die ihnen vom

Hof befohlene, hatten die Dichter nicht zu haben. Ihr »Ich« befand sich in einem Hafthaus. Geistige und künstlerische Unabhängigkeit hatte für sie ein ungültiger Begriff zu sein.

Man kann von Villon (im Gegensatz zu den Dichtern seiner Zeit) ohne jeden Vorbehalt nicht anders sprechen als von einem Fanatiker der absoluten Unabhängigkeit. Für ihn gab es keinen Brotherrn und dementsprechend auch keine Aufträge, ihm schrieben Parteien und Gemeinschaften nicht die Tendenz vor, in deren Enge sein Werk sich zu halten hatte. Für ihn existierte auch keine Flucht vor der Wirklichkeit in die Unendlichkeit der Utopie hinein. Er war im damaligen Zeitraum der erste und einzige Dichter, der den Sprachbogen seiner Verse von Schwulst und Schnörkel abrückte und so schrieb, wie es ihm aus der Feder und dem Herzen floß.

Am wohlsten fühlte sich Villon, wenn er Wesen seinesgleichen um sich hatte. Seiner Herkunft nach war er ein Angehöriger der unteren Volksschicht. Daß er, wie von den Biografen (und von ihm selbst in seinem Werk) berichtet wird, auf die Universität geschickt wurde und dort die von ihm geforderten Prüfungen auch bestand, änderte nichts daran, sich auch dort an das Volk zu halten wo er ihm begegnete. Dem Volk dichtete er Lieder, die es verstand. Der Jargon verhalf ihm dazu, alle Dinge mit den ihnen zeitgebundenen eigentümlichen Namen zu nennen, ohne sich in metaphorische Umschreibungen hinein zu flüchten. Billigen Schwindel und rosenrote Schleifchen wird man bei ihm vergeblich suchen.

In dieser Beziehung hat er als der eigentliche Vorläufer des sogenannten volkstümlichen Liedes zu gelten, der Soldaten-Balladen, der Venusinen-Reime und der Studentenlieder. Die jahrhundertelang verschütteten, unbeachteten Verse Villons fanden in unseren Tagen in Frankreich eine Wiederauferstehung und Beachtung beim Volk. So bei Aristide Bruant, dem »Gamin de Paris«, Mitbegründer und Mitbesitzer des »Chatnoir« und des »Mirliton« in den neunziger Jahren des vorigen Jahrhunderts am Boulevard Rochechuart in Paris. Auch der einige Jahre später in ähnlichen Etablissements wirkende französisierte Pole Poullieu-Xanroff, muß hier noch zugerechnet werden. Und schließlich hat sich Bertolt Brecht zu seinen Balladen in der ›Dreigroschenoper‹ von Villon mehr als inspirieren lassen. Vergessen wir auch nicht Klaus Kinski, der mit seinen Villon-Rezitationen mit beispiellosem Erfolg in unseren Tagen durch ganz Deutschland reist. (Zusätzl. Anmerkung)

Mit seinen »rauhen Liedern« schuf Villon bewußt eine neue Fröhlichkeit des Herzens für die im Dumpfen dahinfaulende Masse des Volkes. Er stöberte sie in allen Schlupfwinkeln auf, diese Erbpächter des Elends, und belichtete ihre grenzenlose soziale Untergründigkeit. Er hatte nicht nur den Mut zur künstlerischen Revolte. Er behauptete auch privat sein Ich gegen moralische und sittliche Diktaturen jeder Richtung.

Villon war kein absoluter Atheist. Unter seinen Balladen finden wir Gebete von tiefer Glaubensinnigkeit, die in der Schlichtheit des sprachlichen Ausdrucks und in der Vollkommenheit des Gedankens vom Da-Sein einer ewigen Ur-Kraft in einem anderen Sprachgebiet oder Zeitraum kaum ihresgleichen haben. Wenn er solchen Erkenntnissen sich hingab, gab er sich hin mit der reinen Seele eines Kindes. Aus seiner Lebensgeschichte wissen wir, mit welcher Liebe er an seinem Pflegevater Pater Guillaume hing. Wie er immer wieder dessen verzeihende Hand spürte. Der gütige Pater hätte nie das Gewicht seines Rufes verwandt, wenn er Schandtaten seines Pfleglings decken oder ordnen sollte, wenn er nicht zutiefst davon überzeugt gewesen wäre, daß Villon kein Antichrist war.

In der Dichtung Villons kommt jede Nuance seines Lebens zu ihrem Recht. Sein zeitweilig vorhandener Zynismus war nur eine Maskierung der in ihm waltenden tiefen Schamhaftigkeit. Nie wird man bei ihm finden, daß er das »Böse an sich« als Wertbegriff für eine neue Werthaltung hinstellte. Selbst dort, wo er sich selbst in das Fell eines »Ungeheuers« warf (in der Dichtung!) hat man auch in diesem Fall nicht die mindeste Veranlassung, Schlüsse auf seinen privaten Lebenswandel zu ziehen. Man kann diese Art von »dialektischer Selbstzerstörung« auch nicht als eine rhetorische Floskel einer billig angeschminkten Dämonie abtun. Es ist natürlich nicht zu leugnen, daß Villon als Mitglied der »Coquille« an Überfällen auf reiche Klöster und Adelspaläste aktiv beteiligt und dem Galgen auch schon sehr nahe war. Und ebenso oft hat er in einem animalischen Überschwang die Sittengesetze verletzt, indem er in aller Öffentlichkeit sich das Recht für Handlungen nahm, die bei den Oberen nur hinter verschlossenen Türen zulässig waren, die zuweilen aber auch in Skandal-Affären die allgemeine Öffentlichkeit belästigten. Der Unterschied in den Exzessen bestand eben nur darin, daß für die privilegierten Personen eine Art Konzession bestand … für den gemeinen Untertan aber … das peinliche Gerichtsverfahren.

Als bezahlter und in diesem Fall gebundener Poet der Obrigkeit hätte Villon, vorausgesetzt allerdings, sein Temperament würde auch die dafür notwendige Struktur besessen haben, eine ausgezeichnete Figur abgegeben. Seine Bildung und sein Wissen waren dementsprechend. So aber führte er nicht einmal die ihm von Potentaten aufgegebenen Aufträge aus, wenn sie ihm menschlich und künstlerisch gegen den Strich gingen. Er allein gab den Ton an. Das ist mit ziemlicher Deutlichkeit aus den Abschriften zu ersehen, die Louis Malet de Graville von einigen Balladen Villons anfertigen ließ, auf einem kostbaren Pergament, für den König Ludwig XI. von Frankreich als Geschenk.

Auch daß die Liebschaften in jeder Form bei Villon, in seinem Leben und in seiner Dichtung eine besondere Rolle spielen, liegt in dem »freien Spiel der Kräfte« begründet, das sich in jenem Zeitraum entwickelte und sich nicht nur auf die gallischen Lande beschränkte. Der große deutsche Epiker Grimmelshausen hat nicht weniger heftige Zustände in Deutschland als allgemein gültige Form des Lebens und Treibens in Stadt und Land geschildert.

Mit dem Maß des Umfangs gemessen, bedeckt das dichterische Werk Villons nicht einmal den Boden des üblichen Dutzend-Sarges der »Gesammelten Werke« beliebter Autoren. Selbst wenn wir das, was mit dem Wind der unsteten Wanderungen des Dichters verweht ist, vom Feuer gefressen und von hirnverbrannten Zeitgenossen zermalmt, auf das Dreifache von dem schätzen, was Freunde und Schüler gesammelt haben und später drucken ließen, auch dann ergäbe das Oeuvre, nach Seiten gezählt, nicht viel mehr als das, womit heute die jungen Dichter debutieren.

Von jeder Zeile aber, die von Villon vorhanden ist, darf man sagen, ohne sich in Übertreibungen zu verlieren, daß in ihr Einmaliges zum wesenhaften Ausdruck jener Zeit geworden ist, daß er seinen Zeitgenossen voranlebte und noch weit über unsere Zeit hinaus Gültigkeit behalten wird.

Buenos Aires/Mai 1946 Paul Zech

Ballade von den schönen Frauen in Paris

Königin von Saba: Im Alten Testament eine äthiopische Königin, die Salomo aufsucht, um sich von dessen Weisheit zu überzeugen.

Niobe: In der griechischen Mythologie die Ehefrau des thebanischen Königs Amphion. Als Strafe für Niobes Frevel töten Apollon und Artemis ihre Söhne und Töchter.

Dalila: In der Bibel die Geliebte des Samson, die den Philistern das Geheimnis seiner Stärke verrät, worauf diese ihn töten.

Astarte: Eine der Venus verwandte altsemitische Göttin der Weiblichkeit und der Fruchtbarkeit.

Lucinde: Heldin des gleichnamigen Romans von Friedrich Schlegel (1799), von seinen Zeitgenossen als skandalös und unmoralisch wahrgenommen.

Sappho: Die bedeutendste griechische Dichterin aus dem sechsten Jahrhundert v. Chr., bekannt für ihre Götterhymnen und Gedichte, in welchen sie die weibliche Schönheit besingt und damit so etwas wie die »sapphische« Liebe literarisch begründet.

Helena: In der griechischen Mythologie die Tochter des Zeus und der Leda, eine Schwester der Dioskuren. Sie gilt in der Antike als Inbegriff der Schönheit. Als Gattin des Menelaos wird sie von Paris nach Troja entführt, was zum Trojanischen Krieg führt.

Lacmé (eigentlich »Lakmé«): Tochter eines indischen Brahmanen aus der gleichnamigen romantischen Oper von Léo Delibes (1880).

Potiphar: Eigentlich ist Potiphar keine Frau, sondern der Beamte eines Pharao aus dem Alten Testament. Möglicherweise meint Zech Potiphars Frau, die sich in der biblischen Geschichte in Josef verliebt.

Ballade von den berühmten Frauen des Altertums

Flora: In der römischen Mythologie die Göttin der Vegetation.

Thais: Eine ägyptische Hetäre aus dem vierten Jahrhundert v. Chr., Heldin des gleichnamigen Romans von Anatole France (1890) und der gleichnamigen Oper von Jules Massenet (1894).

Salomé: Im Neuen Testament bekannt als Herodias, die Tochter des Herodes

»… die Frau, daran der fromme Abälard zerbrach«: Gemeint ist Heloisa, die Schü-

lerin des Philosophen und Theologen Peter Abaelard (1079–1142). Nach seiner Liebesaffäre mit Heloisa wurde Abaelard von ihren Verwandten entmannt.

Blanca: Blanca Margarete von Valois (1316/17–1348), erste Ehefrau des böhmischen Königs und später Kaisers Karl IV.

Jeanne: Offenbar meint Zech die Jeanne de Bourbon (1338–1378), die ab dem Jahr 1364 französische Königin war.

Eine Bettel-Ballade für meinen armen Bruder Jean Cotart

Noah: Aus dem Alten Testament als der Erbauer der Arche und als der erste Weinbauer bekannt.

Loth (Lot): Eine Gestalt aus dem Alten Testament, ein Neffe Abrahams. Lot flieht mit seinen Töchtern aus der von Gott vernichteten Stadt Sodom und lebt mit ihnen in den Bergen. Weil es dort keine anderen Männer gibt und die Töchter sich um das Fortkommen des Geschlechts sorgen, machen sie ihren Vater betrunken und schlafen mit ihm.

Eine kleine Räuberballade von den drei Coquillards

Cochon: Französisch für »Schwein«.

Die Ballade von der ewigen Unzufriedenheit

Orpheus: Ein Sänger aus der griechischen Mythologie. Nach dem Tod seiner Geliebten Eurydike steigt Orpheus in den Hades, um sie zurückzuholen, was jedoch misslingt, weil er sich, entgegen der Abmachung, kurz vor dem Verlassen des Totenreichs nach ihr umdreht.

Narziss: Eine Gestalt aus der griechischen Mythologie. Narziss verliebt sich in sein eigenes Spiegelbild. Beim Versuch, es zu küssen, ertrinkt er in der Quelle und wird in eine Blume, die Narzisse, verwandelt.

Onan: Eine Gestalt aus dem Alten Testament. Onan weigert sich, seine Schwägerin zu schwängern, um die Blutslinie seines verstorbenen Bruders fortzuführen, und lässt seinen Samen auf die Erde fallen, wofür er von Gott verflucht wird.

Sardanapal: Ein assyrischer König aus der griechischen Mythologie. Der Sage nach soll er Frauenkleider getragen haben.

Bathseba (Batseba): Im Alten Testament die Frau eines hohen Offiziers des

Königs David. David sieht sie beim Baden und schwängert sie, während sich ihr Mann auf einem Feldzug befindet. Diesen lässt er daraufhin ermorden und nimmt Batseba zur Frau. Ihr zweiter gemeinsamer Sohn ist der König Salomo.

Ammon (Amnon): Im Alten Testament ein Sohn Davids. Verliebt sich in seine Halbschwester Tamar und vergewaltigt sie. Später wird er dafür von deren leiblichem Bruder Absalom umgebracht.

Salomé: Gemeint ist die biblische Geschichte der Herodias, der Tochter des Königs Herodes, die von ihrem Vater für einen Tanz den Kopf von Johannes dem Täufer verlangt.

Die Ballade von den Armen und den Reichen

Lazarus: Gemeint ist der arme Lazarus aus dem Gleichnis Jesu im Lukasevangelium. Diesem wird von einem Reichen zu Lebzeiten die Speise verweigert, weswegen Lazarus den Reichen im Jenseits auf die gleiche Weise behandelt.

Eine Ballade für den Hausgebrauch im Winter

»Wo man singt, sagt Orpheus schon, / werden selbst die Steine weich«: Gemäß der griechischen Mythologie kann Orpheus mit seinem Gesang selbst leblose Steine bewegen.

Die Ballade von den Mädchen, die keinen Mann mehr finden

Sarraß: Ein Säbel.

Inhalt